Sabine Seyffert

Meine bunte Welt der Phantasie

In neuer Rechtschreibung

1. Auflage 2004

Einband und Illustrationen: Friederike Spengler
Gesamtherstellung: westermann druck Braunschweig GmbH
ISBN 3-401-08388-0

Sabine Seyffert

Meine bunte Welt der Phantasie

Entspannungsgeschichten für Kinder

Mit Illustrationen von
Friederike Spengler

EDITION BÜCHERBÄR

Inhalt

Vorwort

Liebe Leserin und lieber Leser,

was gibt es Schöneres, als dem oftmals grauen Alltag für eine Weile zu entfliehen und einen Ausflug ins unendlich bunte Reich der Phantasie zu unternehmen? Einfach die Seele herrlich baumeln lassen und alle Sorgen für einen Moment vergessen!
Dieses Buch enthält eine ganze Reihe neuer, schöner Entspannungsgeschichten für Kinder ab etwa vier Jahren. Es sind spannende Geschichten, die die Kinder aufmuntern sich Pausen zu nehmen, um zu entspannen und sich auf eine phantastische Reise zu begeben, in ferne Zeiten mit märchenhaften Wesen, und einfach ungehemmt zu träumen . . .
Solche Ausflüge ins Land der Phantasie ermöglichen uns auf wunderbare und ganz liebevolle Art und Weise, tief zu entspannen und dadurch neue Kraft zu schöpfen. Die inneren Bilder, die wir durch diese zauberhaften Ausflüge machen, fördern unsere Phantasie und Kreativität.
Je öfter wir uns durch diese Art von Geschichten eine schöpferische Pause gönnen, desto leichter fällt es uns, Bilder in unserer Vorstellung zu entwickeln, die uns gut tun. Mit solchen Vorstellungen gelingt es uns, der Hektik des Alltags zu entfliehen und zur Ruhe zu kommen, um neue Kräfte zu schöpfen. Und unserer Phantasie sind keine Grenzen gesetzt – alles ist möglich!

Nun wünsche ich allen kleinen und auch den großen Lesern viel Spaß bei den spannenden Ausflügen ins Land der Phantasie . . .!

Ihre
Sabine Seyffert

Ein Wort an die Kinder

Willkommen im Zauberland!

Schön, dass du dir die Zeit nimmst, dieses Buch zu lesen. Hier findest du eine Vielzahl von neuen, wunderschönen Geschichten, die dich einladen ins bunte Land der Phantasie.

Sicherlich kennst auch du viele Situationen in deinem Alltag, in denen du regelrecht »aus der Puste« kommst und dir der Kopf brummt. Oftmals sind unsere Tage einfach zu verplant, und was uns fehlt, ist Zeit, um ein wenig auszuruhen. Dabei ist es sehr wichtig, dass wir uns die Zeit nehmen, uns auszuruhen, das heißt, uns zu entspannen. Denn nur so können wir lernen den Alltagsstress für eine Weile hinter uns zu lassen und wieder neue Kraft tanken, die wir zum Leben brauchen!

Setz dich doch einen Moment lang hin und überlege in aller Ruhe, wie dein Alltag aussieht. Was gibt's außer Kindergarten oder Schule noch? Hausaufgaben? Üben für ein Diktat oder eine Mathearbeit? Bist du in einem Verein, in dem du regelmäßig trainierst? Lernst du vielleicht Ballett oder spielst du ein Instrument und du musst jeden Tag Zeit zum Üben einplanen?
Auch hast du doch sicherlich Freunde und Freundinnen, mit denen du dich gerne triffst und spielst. Hast du dazu, wann immer du magst, Zeit oder stehen in deinem Kalender viele andere Termine, die auch wichtig sind?

Dieses Buch zeigt dir neue Wege auf, wie du dem hektischen, terminüberladenen Alltag für eine Weile entfliehen kannst, um neue Kraft zu schöpfen. Es erklärt auch, wie du neue Ideen sammeln kannst und Phantasie entwickelst, um ungestört träumen zu können.
Bevor ich dir die Geschichten vorstelle, die dich ins Land der Träume begleiten, möchte ich dir noch erklären, wie es am besten funktioniert, damit nichts schief geht. Lies dir die Tipps am besten zuerst durch, damit du weißt, wie es geht. Keine Angst, es ist gar nicht schwer und macht riesengroßen Spaß.

Komm und lass dich mitnehmen ins Land der bunten Träume!

Was bedeutet Entspannung?

Um dich bei den Geschichten richtig gut zu entspannen, musst du einige Dinge beachten. Diese Geschichten sind ein wenig anders als die, die du bereits aus Vorlese- oder Bilderbüchern kennst. Diese Geschichten nennen wir Phantasiereisen. Sie sind so geschrieben, dass du dich dabei ganz wohl fühlst, an nichts anderes mehr denken musst und neue Kraft sammeln kannst.

Das klappt dadurch, weil einige Übungsformeln in den Phantasiereisen enthalten sind, die deinem Körper und deiner Seele gut tun.

Diese Übungsformeln stammen aus einer Entspannungsmethode, die man autogenes Training nennt. Es ist eine recht einfache, unkomplizierte Art, bei der man lernt seinen Körper zur Ruhe zu bringen, wenn man es dringend braucht.

Immer wieder wirst du also in den Geschichten Sätze hören wie »Du bist ganz ruhig und entspannt . . . Deine Arme und Beine sind schwer . . . Dein Körper ist angenehm warm . . .«. Das sind die so genannten »Übungsformeln«. Wie du siehst, hat das nichts mit Zahlen oder Mathe zu tun. Es ist einfach nur die Vorstellung der Ruhe, einer angenehmen Schwere und Wärme, die dir hilft, dich entspannen zu können. Und so erhältst du neue Energien für deinen Alltag!

Aber damit die Phantasiereisen wirken, brauchst du nicht nur eine Geschichte, die dich ins Land der Phantasie einlädt, sondern noch ein paar andere Dinge. Sie sind wichtig, damit du dich auch wirklich gut entspannen kannst.

Schaffe dir dein eigenes »Zauberland«. Wie sieht es denn bei dir zu Hause aus? Hast du ein eigenes Zimmer zur Verfügung, in dem du eine Weile ganz ungestört bist? Wenn nicht, gibt es vielleicht im Wohnzimmer eine

nette, gemütliche Ecke, in der du ungestört bist? Oder im Schlafzimmer deiner Eltern? Oder habt ihr ein kleines Arbeitszimmer, in das sonst keiner geht, der dich stören könnte?
Überleg mal in Ruhe – sicherlich gibt es auch bei dir zu Hause einen Ort, an dem du es dir richtig gemütlich machen kannst und viel Ruhe hast.

Wenn du nichts findest, dann frag doch mal deine Eltern, ob sie dir bei der Suche nach einem geeigneten Ort helfen können. Zusammen klappt's meistens besser!

Wenn du nun einen passenden Ort gefunden hast, mach es dir dort so richtig gemütlich! Es ist ganz einfach: Es reicht ein sauberer Teppichboden, auf den du dich legen kannst. Wenn dir das zu ungemütlich ist, leg einfach eine Decke darüber, dann ist es auch etwas weicher.
Du kannst dich für eine Phantasiereise oder Ruhepause auch ins Bett legen. Polstre deinen Platz mit Kissen aus, nimm dein Lieblingskuscheltier dazu oder einen Glücksbringer. Ganz wichtig ist, dass du dich so rundherum wohl fühlst und es dir dort richtig gut geht!

Als Nächstes solltest du dir ein Schild malen oder basteln, auf dem steht

Bitte nicht stören!!!
Ich entspanne gerade.

Vor dem Üben hängst du das Schild einfach an die Zimmertür.

Es ist sehr wichtig, dass du während der Phantasiereise Ruhe hast! So weiß jeder sofort, dass du auf keinen Fall gestört werden willst.
Bevor es richtig mit den Geschichten losgeht, erkläre ich dir, wie du am besten entspannen kannst.

Entspannung – wie geht das?

- Lege dich der Länge nach mit dem Rücken auf die Matte, einen Teppich oder eine am Boden liegende Decke. Deine Arme liegen rechts und links am Körper und deine Hände sind geöffnet, sodass deine Handflächen zum Boden zeigen und Kontakt zum Boden haben. Die Fußspitzen fallen leicht nach außen und deine Augen sind während der Phantasiereise geschlossen. Das ist besser, weil du dich so am besten auf die Geschichte konzentrieren kannst und dich nichts ablenkt.
  Wenn du magst, kannst du dir unter den Kopf noch ein Kissen legen und dich mit einer Decke zudecken. Dann ist es noch gemütlicher und es wird dir leichter fallen, dich richtig zu entspannen!

- Wenn es dir lieber ist, kannst du natürlich auch im Sitzen üben. Dazu setzt du dich auf einen Stuhl. Wichtig ist, dass deine Fußsohlen guten Kontakt zum Boden haben. Dann setzt du dich ganz gerade hin. Stell dir vor, jemand würde dich am Schopf nach oben ziehen, und lass dann den Kopf nach vorne fallen. Die Hände legst du auf deine Oberschenkel.

- Wenn es dir lieber ist, kannst du dich auch bequem hinsetzen. Dazu nimmst du einen Stuhl, dessen Rückenlehne sich nach hinten verstellen lässt. Du legst dich gerade hinein, die Füße haben auch hier Bodenkontakt und dein Rücken ist angelehnt. Die Arme liegen auf dem Schoß und die Augen sind auch hierbei wieder geschlossen.

- Noch ein Tipp: Flitz vor dem Üben noch auf die Toilette! Dann wirst du während der Phantasiereise nicht unruhig und kannst wirklich lange still liegen!

- Bevor du gespannt der Geschichte zuhörst, solltest du in Ruhe deine Augen schließen. Höre einen Moment lang in dich hinein, ob dich auch wirklich nichts mehr stört oder dir unangenehm ist. Fühlst du dich wohl? Spüre deinen Körper, wie er ganz ruhig ist. Und dann kannst du mit der Geschichte beginnen.

- Nach jeder Phantasiereise ist es ganz wichtig, dass du deinen Körper wieder aufweckst. So weiß er, dass die Ruhepause vorbei ist und er wieder richtig munter werden kann. Dazu atmest du einige Male ganz tief ein und aus. Dann ballst du die Hände zu festen Fäusten. Wiederhole es mehrmals kraftvoll. Nun reckst und streckst du dich wie morgens! Und dann öffnest du die Augen. Also immer nach Ende einer Phantasiereise den Körper wieder wecken!

- Achtung! Übst du unmittelbar vor dem Schlafengehen oder möchtest du mit Hilfe einer Geschichte einschlafen, brauchst du deinen Körper am Schluss natürlich nicht wieder zu wecken. Denn schließlich möchtest du ja dann in Ruhe einschlafen!

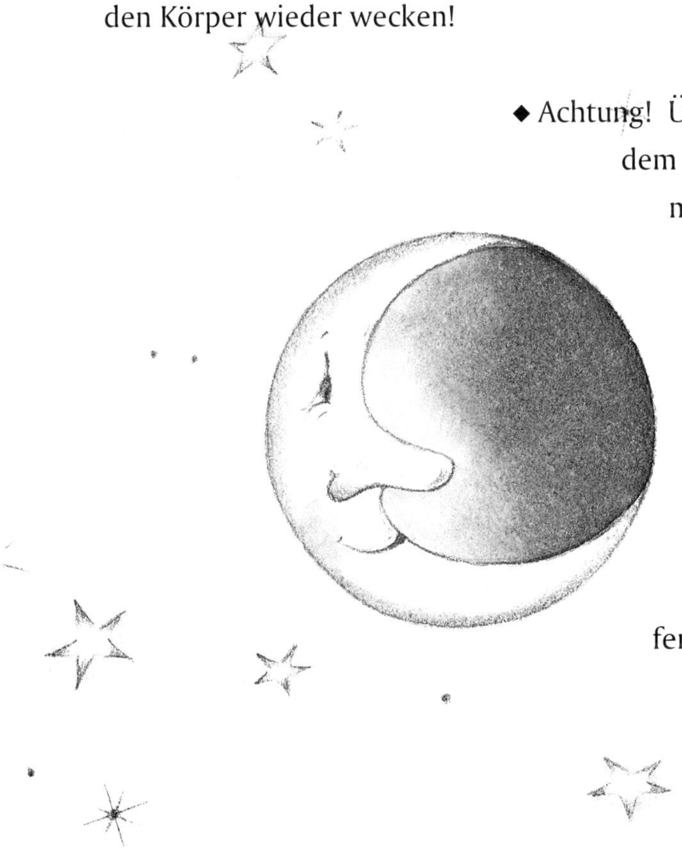

- Nun weißt du schon, wie Phantasiereisen dir beim Entspannen helfen und was du beachten musst. Das hört sich für den Anfang sicher recht kompliziert an. Wenn du es aber erst einmal gemacht hast und weißt, wie es funktioniert, dann geht's ganz einfach!

- Anfangs kann es durchaus sein, dass du während der Geschichten noch nicht so viel spürst. Gib nicht auf, denn Übung macht den Meister. Lesen oder Rad fahren hast du auch nicht von jetzt auf gleich gelernt. Lass dir und deinem Körper einfach Zeit, sich daran zu gewöhnen und zur Ruhe zu kommen.
  Je öfter du dich auf eine Phantasiereise begibst, desto ausgeglichener und besser gelaunt wirst du durch deinen Alltag gehen!

Hier noch einmal eine kleine Checkliste:

Such dir einen Ort der Ruhe.
Mach es dir gemütlich.
Häng ein Schild an die Tür »Bitte nicht stören«.
Nimm die Übungshaltung ein.
Horch in dich hinein, ob du gut liegst.
Stell dir die Phantasiereise vor.
Nimm dir nach der Geschichte noch einen Moment Zeit.
Beende die Phantasiereise durch das Zurücknehmen!

Eine Reise um die Welt

In Ägypten

Wenn du nun deine Augen schließt, stell dir doch einmal vor, du bist in Ägypten. Es ist ein wirklich schöner Tag, die Sonne leuchtet am strahlend blauen Himmel. Nach dem Frühstück packst du Proviant in deinen Rucksack und machst dich pfeifend und gut gelaunt auf den Weg.
Vor dem Haus warten schon deine Freunde auf dich – wie schön! Für jeden von euch ist ein Kamel da. Denn hier ist es üblich, dass man auf Kamelen reitet.
Deins liegt im Schatten eines Baumes und ruht sich aus. Als du dort ankommst, wünschst du dem Tier einen guten Morgen und streichelst es über seine Ohren. Es hat ganz weiches Fell und freundliche Augen, die dir aufmunternd zuzwinkern. Gut gelaunt kletterst du auf seinen Rücken.
Als du richtig sitzt, erhebt sich das Tier – ganz vorsichtig. Du bist begeistert – ein Ausflug auf einem Kamel! Wer hat so etwas schon erlebt!
Deine Freunde sind inzwischen auch fertig und so reitet ihr hinter einem Einheimischen her, der sich gut auskennt und euch auf dem Ausflug begleitet.

Du genießt es, getragen zu werden, und mit jedem Schritt des Tiers wirst du sanft hin und her geschaukelt. Du schaust dir alles ganz genau an. Ihr reitet durch eine Wüste. Einfach faszinierend! Der Sand glänzt und glitzert im Licht der warmen Sonne. So viel Sand auf einmal hast du noch nie zuvor gesehen.

Da entdeckst du hinter einem Sandhügel schon die Spitze einer Pyramide. Wie toll sie aussieht! Du hast zwar schon mal auf Bildern eine Pyramide gesehen, aber noch nie in Wirklicheit. Du bist ganz fasziniert. Und so groß hättest du sie dir auch gar nicht vorgestellt.
Dann macht ihr eine Pause. Ein Stück entfernt von der Pyramide ist ein Zelt aufgebaut. Dort rastet ihr. Im Schatten des Zeltes machst du es dir gemütlich und isst deinen Proviant, den du heute Morgen in den Rucksack gepackt hast. Die Mahlzeit stärkt dich. Sogar eine kleine Wasserstelle ist hier. So können auch die Kamele sich stärken. Du wäschst dir die Hände und das Gesicht. Das erfrischt wunderbar. Besonders im Gesicht ist das Wasser überaus angenehm, weil es sanft kühlt.

Nach dem kleinen Imbiss legst du dich in den warmen Sand. Ach, das tut vielleicht gut. Ganz ruhig und entspannt bist du nun . . . Alles um dich herum ist angenehm ruhig . . . Du spürst eine wohltuende Schwere in dir . . . Besonders schwer sind deine Arme und Beine . . . Schwer und entspannt liegst du im Sand . . . Der Sand und die Sonne wärmen dich. Du spürst, wie die Wärme durch deine Arme und Beine strömt . . . Beide Arme und Beine sind warm, strömend warm. Die Sonnenstrahlen wärmen deine Haut und du fühlst dich dabei rundherum sicher und geborgen. Ein wunderbares Gefühl . . . Und dann erinnerst du dich daran, wie das Kamel dich auf seinem Rücken sanft geschaukelt hat. Ganz ruhig und regelmäßig hin und her. Ebenso ruhig und regelmäßig fließt nun auch dein Atem . . . Du bist ganz ruhig und entspannt . . .
Dann ist es auch langsam Zeit für den Heimweg. Ihr packt eure Sachen zusammen und steigt wieder auf die Kamele. Der Tag neigt sich langsam dem Ende zu. Die Sonne sieht wunderschön aus wie ein orangeroter Ball, der immer kleiner wird.

Doch bevor die Sonne untergegangen ist, kommt ihr wohlbehalten und gut gelaunt zu Hause an. Du dankst dem Kamel für den schönen Ausritt und freust dich schon auf das nächste Mal.

Bei den Indianern

Schließe deine Augen. Stell dir vor, du bist weit gereist und sitzt in einem Saloon in einer kleinen Westernstadt. Du trinkst eine kühle Limonade und beobachtest das bunte Treiben der Dorfbewohner. Eine Postkutsche kommt angefahren und lädt einen Sack mit Briefen beim Postamt ab. In dem kleinen Gasthof nebenan wird gerade geputzt, weil neue Gäste erwartet werden. Alles glänzt und blitzt einladend im Licht der Sonne . . .

Da kommen zwei kleine Indianer auf Ponys ins Dorf geritten. Sie setzen sich zu dir an den Tisch und trinken ihre Limonade in einem Zug leer. Die beiden sehen sehr freundlich aus. Sie haben langes schwarzes Haar. Das Indianermädchen hat ihre Haare zu einem schönen Zopf geflochten. Die beiden scheinen Geschwister zu sein.
»Hast du Lust, mit ins Indianerdorf zu kommen und es dir anzusehen?«, fragen dich die beiden.
»Na klar!«, antwortest du und deine Augen strahlen vor lauter Freude.

Und so darfst du ein Pony auswählen und die beiden Indianer reiten gemeinsam auf dem anderen Pony.
Ihr lasst die kleine Westernstadt hinter euch und reitet einen Pfad entlang. Du betrachtest die Berge rechts und links des Weges und die hölzernden Schilder am Wegrand, die ganz abenteuerlich aussehen – so ganz anders als zu Hause. Schließlich kommt ihr in dem Indianerdorf an.

Einige der Indianerkinder haben euch bereits entdeckt und kommen freudig auf euch zugelaufen. Du wirst von allen herzlich willkommen geheißen und fühlst dich gleich wie zu Hause.
Gemeinsam sattelt ihr die Ponys ab und führt sie zur Tränke. Auch ihr seid nach dem langen Ritt durstig und trinkt einen wunderbar duftenden Kräutertee. Der wundersame Duft des frischen Tees scheint neue Kräfte in dir zu wecken! Wie gut das tut!
Dann spielt ihr Verstecken. Das macht riesig viel Spaß, weil man zwischen all den Indianerzelten wunderbar Unterschlupf findet und die anderen einen nicht so schnell finden können ...

Am späten Nachmittag, als die Sonne wie ein großer goldener Ball am Himmel untergeht, wird dir zu Ehren ein tolles Lagerfeuer gemacht. Alle Indianer des Dorfes treffen sich zu einem gemeinsamen Essen. Danach machen ein paar Indianer Musik und singen. Ihr tanzt vergnügt um das Feuer herum, klatscht in die Hände und seid völlig ausgelassen.

Am Abend bringen dich die Indianer in einer Kutsche wieder nach Hause. Ganz müde, aber unendlich glücklich über einen so tollen Ausflug liegst du schließlich im Bett.

Du bist ganz ruhig und entspannt. Dein Körper liegt ganz schwer und völlig entspannt da ... Besonders schwer fühlen sich deine Arme und Beine an ... Ganz schwer sind deine Arme und Beine ...
Deine Decke umhüllt dich und hält dich vollkommen geborgen ... Du spürst, wie warm dein Körper ist ... Die angenehme Wärme strömt durch deinen ganzen Körper hindurch ... Beide Arme und beide Beine sind warm, wohlig warm ...
Du fühlst dich rundherum glücklich und träumst in dieser Nacht den Traum der Indianer.

Komm, mach mit!

Aus Korken, bunten Perlen und Federn kannst du tollen Indianerschmuck basteln. Schneide dazu die Korken in Scheiben und fädele diese abwechselnd mit den Perlen mit einer Nadel auf einen Faden. Mit einigen Federn dazwischen ist der Indianerschmuck perfekt.
Für Kopfschmuck nimmst du einen Streifen Wellpappe, den du in der Größe so zusammenklebst, dass er um deinen Kopf passt. In die kleinen Rillen der Wellpappe steckst du dann allerhand bunte Federn – fertig!

Passend zur Indianerverkleidung kannst du dir mit etwas bunter Schminke noch ein lustiges Muster ins Gesicht malen. Wie wäre es nun mit einem Indianertanz?

Schlittenfahrt mit Eskimos

Schließe deine Augen. Wenn dich nichts mehr stört, dann höre der Geschichte zu, die ich dir heute mitgebracht habe: Stell dir vor, du bist sehr weit gereist bis zum Nordpol. Du hast mollig warme Sachen an, die dich vor der Kälte schützen.

Bei einer kleinen Expedition hast du ein paar Eskimos getroffen, die sich hier sehr gut auskennen. Denn der Nordpol ist ihre Heimat. Sie laden dich zu einem Ausflug auf ihrem Schlitten ein, den du gerne mitmachst.

So darfst du dich auf den Schlitten setzen und die Eskimos geben dir dicke, warme Felle, in die du dich noch einkuscheln kannst – wunderbar weich und herrlich warm ist es! Und als auch die anderen auf dem Schlitten Platz genommen haben, geht die Fahrt los. Die Schlittenhunde ziehen euch ganz mühelos durch die Landschaft aus lauter Schnee und Eis. So viel Schnee auf einmal hast du noch nie zuvor gesehen und du bist völlig fasziniert davon.

Es ist ein sonniger Tag und im Licht der Sonne funkeln und glitzern die Schneekristalle wie kleine Edelsteine. Das sieht einfach wunderschön aus!

Immer weiter geht die Fahrt und du blickst dich die ganze Zeit staunend um.

Dann kommt ihr am Lager der Eskimos an. Hier gibt es lauter Iglus in verschiedenen Größen! Sie sind aus dicken Eisblöcken gebaut und sehen ein-

fach fabelhaft aus! Du steigst vom Schlitten und schon kommen einige Eskimokinder angerannt. Sie freuen sich, dass du zu Besuch gekommen bist, denn es kommen selten Gäste so weit in den Norden.
Du schlägst vor einen Schneemann zu bauen. Eine prima Idee bei der Menge an Schnee! Die Eskimokinder sind neugierig und helfen dir. Einen solchen Schneemann haben sie noch nie gesehen! Als der Schneemann fertig ist, hüpfen die Eskimokinder lachend um ihn herum und singen dabei ein fröhliches Lied in ihrer Sprache.

Du siehst ihnen staunend dabei zu und bist froh ihnen mit dem Schneemann eine solche Freude gemacht zu haben. Dann nimmt dich ein kleines Eskimokind an die Hand und führt dich ein Stück weiter. Hinter einem kleinen Schneehügel entdeckst du einen Eisbären, den die Kinder aus Eis gebaut haben. So etwas hast du noch nie gesehen und du betrachtest diese tolle Schneefigur voller Bewunderung, denn der Bär sieht fast aus, als wäre er echt!

Anschließend geht ihr angeln. Das ist hier am Nordpol gar nicht so einfach. Die Eskimos hacken dazu Löcher in das Eis, um nach Fischen zu angeln. Ganz ruhig und geduldig sitzt ihr um das Loch herum und wartet darauf, dass ein Fisch anbeißt! Und tatsächlich, nach kurzer Zeit habt ihr ein paar Fische gefangen. Sogar an deiner Angel hat ein Fisch angebissen!

Dann läutet eine Glocke und alle Eskimos treffen sich an einem der größeren Iglus. Jeder bekommt einen warmen Tee und Suppe. Das tut vielleicht gut!

Ganz ruhig und entspannt machst du es dir nach dem Essen auf einem warmen Fell bequem. Vollkommen ruhig liegst du da und schaust in den blauen Himmel hinein . . . du fühlst dich rundherum wohl und sicher . . .

Dann bemerkst du eine wohltuende Schwere in dir . . . Schwer, ganz schwer liegst du da . . . Deine Arme und Beine sind besonders schwer . . . Und das weiche Fell, auf dem du liegst, hält dich warm . . . Ganz warm und geborgen . . . Du spürst, wie die Wärme durch deinen ganzen Körper hindurchströmt und neue Kraft mit sich bringt. Deine Arme und Beine sind warm. Ganz warm . . . Und die Wärme durchströmt dich . . . Es ist einfach toll . . .

Schließlich ist es Zeit, wieder nach Hause zu fahren. Die Eskimos bringen dich mit ihrem Schlitten heim. Du bist gut gelaunt und prima erholt.

Turnier auf der Ritterburg

Schließe deine Augen und stell dir vor, du hast eine kleine Zeitreise gemacht und stehst plötzlich im bunten Treiben eines mittelalterlichen Marktes . . .
Hier ist vielleicht was los: Die Händler preisen ihre Ware an. Es riecht nach frisch gebackenem Brot und süßem Honig. An einem der Stände spinnt eine Magd Wolle und man kann gestrickte Pullover und Decken kaufen. An einem anderen Stand gibt es aus Holz geschnitztes Spielzeug. Ein Stück weiter bietet ein Schmied Kettenhemden und Schwerter an.

Als du so über den Markt schlenderst, triffst du auf einen Jungen.
»Hallo!«, begrüßt er dich. »Ich heiße Ronald und bin Knappe auf der Burg Ritterfels. Heute wird dort ein Turnier veranstaltet. Hast du nicht Lust, mich zu begleiten?«
Na, und ob du Lust hast. Auf eine echte Ritterburg wolltest du schon lange einmal!
Und so macht ihr euch gemeinsam auf den Weg zur Burg, die auf einem hohen Berg liegt. Der Weg ist ziemlich lang und du spürst bei jedem Schritt die Schwere in deinen Beinen!
Aber die Mühe lohnt sich! Als ihr auf dem Berg angekommen seid, bestaunst du erst einmal die wunderbare Aussicht von hier oben . . .

Im Burghof ist eine Menge los, alle sind damit beschäftigt, die letzten Vorbereitungen für das Turnier zu treffen. Tische und Bänke werden auf-

gestellt, Fässer mit Honigwein von einer Kutsche geladen und in einem Kamin werden Brote gebacken.
Außerdem werden allerhand Zelte aufgeschlagen, in denen sich die Ritter vor dem Turnier auf den Kampf vorbereiten können.
Eine Gruppe von Gauklern hat sich versammelt und zeigt allerhand tolle Kunststücke. Ihr schaut staunend zu und klatscht laut Beifall! Dann hört ihr einigen Musikern zu . . .
Ronald führt dich in einen Stall. Er muss das Pferd seines Ritter noch striegeln. Du hilfst ihm dabei. Das Fell des Pferdes glänzt und ist herrlich weich. Dann sattelt ihr das Pferd und schmückt es mit dem ritterlichen Wappen. Anschließend sucht ihr euch einen guten Platz, von dem aus ihr gut sehen könnt, denn das Turnier hat bereits begonnen. Begeistert jubelst du den Rittern zu, die ihr Bestes geben, um zu gewinnen. Schließlich steht der Gewinner fest – es ist Ritter Rufus von Ritterfels! Er wird laut bejubelt und alle Gäste feiern ihren Ritter Rufus! Es wird getrunken, getanzt, gesungen und viel gelacht . . .

Als es Abend wird, machst du dich auf den Heimweg. Der Mond leuchtet heute besonders hell und du kannst viele Sterne entdecken . . .
Zu Hause angekommen, kuschelst du dich in dein Bett und machst es dir gemütlich . . .
Ganz ruhig und entspannt bist du nun . . . Schwer und entspannt liegst du im Bett . . . Du kannst die Schwere in deinen Armen und Beinen spüren . . . Es ist eine angenehme Schwere . . . Ganz schwer fühlen sich deine Arme und Beine an. Und deine weiche Decke umhüllt deinen Körper . . . Du spürst die Wärme der Decke, die dich sicher hält . . . Ganz warm sind deine Arme und Beine . . . Beide Arme und Beine sind warm. Du spürst, wie die Wärme durch deinen ganzen Körper strömt. Das tut vielleicht gut . . . Dann fallen dir die Augen zu und du träumst im Schlaf von deinem Ausflug in die Zeit der Ritter . . .

Komm, mach mit!

Hast du Lust, eine Ritterburg zu basteln? Du brauchst nur ein paar Schachteln und Kartons. Beispielsweise kannst du aus leeren, gespülten Milchtüten einen Burgturm machen, indem du den oberen Teil mit einer Schere so abschneidest, dass Burgzinnen entstehen.
Auch aus Papprollen lassen sich kleine Türme für die Burg basteln.
Nun malst du alle Türme mit Farbe an und stellst deine Burg auf. Fallen dir noch andere Sachen ein, die du passend zu deiner Burg basteln kannst?

Piratenträume

Hast du es dir schön gemütlich gemacht? Dann schließe deine Augen und stell dir vor, du wärst ein Pirat. Ein kleiner, freundlicher Pirat . . .

Eines Tages bekommst du eine geheimnisvolle Flaschenpost – toll! Du freust dich riesig, weil es nicht oft passiert, dass du Post bekommst. Freudestrahlend öffnest du die Flaschenpost und ziehst den Korken heraus. Vorsichtig schüttelst du die Papierrolle aus der Flasche und wickelst sie auseinander . . .
Eine Landkarte! Es ist eine Karte, auf der eine kleine Insel eingezeichnet ist. Und auf dieser kleinen Insel ist ein dickes Kreuz gezeichnet – ein Schatz? Wunderbar – du wolltest immer schon mal einen Schatz finden! Dazu sind Piraten nun mal da, oder?

Du packst in deinen Seesack Sachen, die du auf der Fahrt brauchst. Dann holst du eine große Schaufel, die Schatzkarte und füllst noch einen riesigen Korb mit leckerem Proviant . . .

Dann geht's los! Gut gelaunt und lustig pfeifend, setzt du die Segel in deinem Boot und fährst hinaus aufs Meer.
Es ist ein herrlicher Tag, am blauen Himmel ist keine einzige Wolke zu sehen – nur die Sonne steht wie ein gelber, leuchtender Ball dort und schickt ihre warmen Strahlen zu dir und deinem Boot.

Das Meer ist bei einem so schönen Tag auch vollkommen ruhig und ohne Wellen. Unbeschwert segelst du deinem Schatz entgegen.
Ein paar bunt schillernde Fische schwimmen ebenso vergnügt neben deinem Boot her und begleiten dich ein Stück auf deiner Reise. Das Wasser ist herrlich klar. Hier und da kannst du auf den Grund des Meeres schauen, auf dem weißer Sand und schöne Muscheln liegen und seltsame Wasserpflanzen wachsen. Sie wiegen sich im Wasser ganz sanft und elegant hin und her . . .
Ach ja, träumst du, das Leben als Pirat ist einfach wunderschön! Du könntest dir im Moment einfach nichts Schöneres vorstellen!
Als du dein Fernglas nimmst und über dein Steuerrad hinweg zum Horizont schaust, kannst du die Insel bereits entdecken! Es ist gar nicht mehr weit und dein Herz macht vor lauter Freude einen kleinen Sprung!
Schließlich legst du mit deinem Schiff an der Insel an. Dann nimmst du deine Schatzkarte und die Schaufel und los geht's!

Wie schön diese Insel ist. Es ist einfach herrlich – so friedlich . . .
Munter schlenderst du durch den warmen, weichen Sand und kommst schnell zu der Stelle, an der der Schatz vergraben sein muss. Hier schaufelst du ein Loch . . .
Plötzlich stößt du auf etwas Hartes. Das muss es sein, denkst du und gräbst mit den Händen weiter. Tatsächlich, du findest eine kleine hölzerne Truhe, die genau so aussieht, wie du dir eine richtige Schatzkiste immer in deinen Piratenträumen vorgestellt hast. Gespannt öffnest du die Schatzkiste – was für ein Glück –, sie ist gefüllt mit lauter Goldstücken!

Überglücklich über einen solchen Schatz suchst du dir nun einen gemütlichen Platz unter den Palmen und machst es dir bequem . . .

Du schließt deine Augen und spürst, dass du nun ganz ruhig und völlig entspannt bist. Dein Körper fühlt sich schwer an, ganz schwer ... Besonders schwer sind deine Arme und Beine vom Buddeln nach dem Schatz ... Fühl mal, wie schwer deine Arme und Beine sind. Ganz schwer und vollkommen entspannt, liegen sie im warmen Sand ... Dann bemerkst du die Sonnenstrahlen, wie sie dich sanft und liebevoll wärmen ... Die Wärme strömt durch deinen ganzen Körper ... Ganz deutlich spürst du die wohltuende Wärme in deinen Armen und Beinen ... Strömend warm ist es in dir. Ein wunderschönes Gefühl, das dir zugleich neue Kraft schenkt ... Dann schaust du aufs Meer und siehst, wie die kleinen Wellen dein Boot ganz leicht hin und her schaukeln ... Ganz ruhig und regelmäßig ... Ebenso ruhig und gleichmäßig fließt dein Atem in dir ... Ein und aus, ein und aus ... Vollkommen ruhig und regelmäßig ...

Als du schließlich genug neue Kraft und Energie gesammelt hast, stehst du auf, nimmst deine Schatzkiste und machst dich auf den Heimweg ...

Komm, mach mit!

Nimm einen leeren Schuhkarton mit Deckel und bemale oder beklebe den Karton so, als wäre er eine richtige Schatztruhe.
Darin kannst du alle kleinen Schätze aufheben, die du so sammelst und besitzt: Glücksbringer, einen besonders schönen Stein, ein Andenken, einen geheimen Brief, dein Lieblingsfoto o. Ä.

Im Märchenland

Von der Schneekönigin

Mach es dir bequem, schließe deine Augen und stell dir vor, du machst einen schönen Spaziergang durchs Märchenland. Es ist ein sehr sonniger, schöner Tag. Der Himmel ist wunderbar blau und du bist richtig gut gelaunt.

Während du deine Seele einfach mal baumeln lässt, genießt du das leise Zwitschern der Vögel und freust dich darüber, mal überhaupt nichts tun zu müssen . . .
Schließlich kommst du an eine schöne Wiese und du schlenderst durch das grüne Gras. Auf einmal entdeckst du eine weiße, kuschelige Wolke, die ganz langsam auf dich zugeflogen kommt . . .
Als diese Wolke näher kommt, erkennst du, dass auf der Wolke jemand sitzt. Das kann nur die Schneekönigin sein, denkst du. Denn die Frau hat glänzend weißes Haar in dem ein Haarreif aus lauter schönen Eiskristallen sitzt. Ihr Kleid ist so weiß wie die Wolke, und wenn das Licht der Sonne darauf fällt, schaut es aus, als würden viele kleine Schneeflocken aufleuchten . . .
»Herzlich willkommen, Menschenkind!«, begrüßt dich die Schneekönigin mit glockenheller Stimme. »Hast du Lust auf einen kleinen Ausflug?«
Ehe du dich versiehst, taucht eine Leiter vor dir auf, die nach oben auf die Wolke führt. Du nickst und kletterst fröhlich zur Schneekönigin auf die Wolke hinauf. Mit jedem Schritt nach oben spürst du eine angenehme Schwere in dir . . .

Als du oben angekommen bist, begrüßt dich die Schneekönigin und nimmt dich liebevoll in die Arme. Dann fliegt ihr über das Märchenland, über viele Berge, bis die Landschaft unter euch nur noch eine einzige Schneelandschaft ist. Die Schneekönigin schnippt mit ihren Fingern und im Nu bist du in einen herrlich warmen Mantel gehüllt – das tut gut . . .

Eure Wolke wird langsamer und setzt vorsichtig zur Landung an. Als du hinunterkletterst, entdeckst du vor dir einen prachtvollen Palast aus Eis. Deshalb hast du ihn vorher von oben auch gar nicht bemerkt . . .
Wie schön er aussieht . . .
Die Schneekönigin führt dich in den Palast. In einer prunkvollen Halle ist ein großer Tisch mit den leckersten Sachen gedeckt, die du dir nur vorstellen kannst . . .
Auch der Schneekönig ist da und begrüßt dich. Und mit leisem Gekicher kommen die Schneeprinzessinnen und Schneeprinzen in den Saal geschlittert.
Gemeinsam feiert ihr und tanzt ausgelassen im Eispalast . . .
Du staunst immer wieder über den wunderschönen Palast, der im Licht der Sonne glitzert und glänzt wie ein bunter Regenbogen . . .

Als es allmählich Abend wird, wird es Zeit für dich, wieder nach Hause zu kehren. Die Schneekönigin klatscht dreimal in die Hände und vor dir steht ein großer Schlitten, vor den sechs blütenweiße Pferde gespannt sind ...

Als du im Schlitten Platz genommen hast, verabschieden sich die Schneekönigin und der Schneekönig von dir. Du deckst dich mit einer mollig warmen Decke zu und fühlst dich einfach großartig. Die Schneeprinzessinnen und Schneeprinzen begleiten dich noch ein Stück auf dem Heimweg und fliegen vergnügt um den Schlitten umher ...

Da merkst du mit einem Mal, dass du ganz ruhig und entspannt bist ... Du fühlst dich rundherum wohl und geborgen ... Dein Körper ist schwer ... Spüre mal, wie schwer sich deine Arme und Beine anfühlen ... Ganz schwer sind deine Arme und Beine ... Es ist eine sehr angenehme Schwere ... Dann denkst du an das Fest im Palast der Schneekönigin, wie ausgelassen du getanzt hast ... Ganz warme Gedanken kommen und wärmen dich wie die Decke, in die du dich gekuschelt hast ... Spüre die angenehme Wärme in dir! Warm, strömend warm fühlen sich deine Arme und Beine an ... Und die Wärme verteilt sich in deinem ganzen Körper ... Ganz ruhig und vollkommen entspannt bist du nun ...

... bis du wohlbehalten zu Hause ankommst und dich schon auf den nächsten Ausflug ins Märchenland freust.

Komm, mach mit!

Sicherlich hast du etwas Weißes zum Anziehen, vielleicht ein T-Shirt? Wunderbar, dann verkleide dich doch als Schneeprinzessin oder Schneeprinz. Wenn du Lust hast, kannst du dich passend dazu schminken und dir aus Glanzpapier eine tolle Krone basteln.
Dann wähle eine schöne, ruhige Musik aus (am besten meditative Musik ohne Gesang) und bewege dich dazu so, wie du es am liebsten magst. Stell dir dabei vor, du würdest ganz schwerelos wie eine kleine Schneeflocke durch den Himmel schweben . . .

Bei Dornröschen

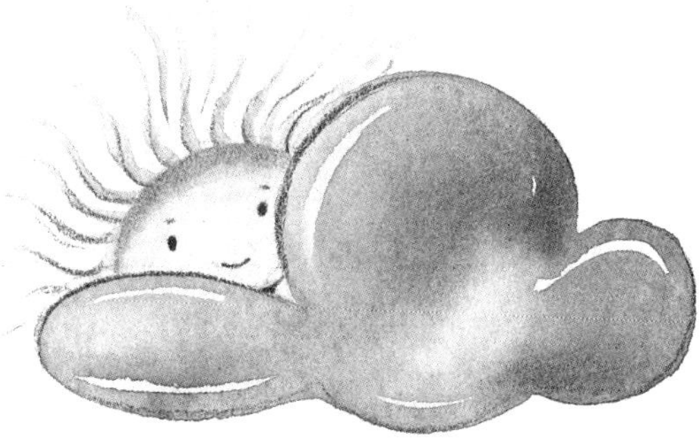

Stell dir vor, es ist ein toller Tag. Du machst dich gut gelaunt auf den Weg zu einem kleinen Spaziergang. Der Himmel ist leuchtend blau und die Sonne scheint hell und warm . . .
So schlenderst du über eine Wiese, auf der viele bunte Blumen wachsen. Und das Gras, das hier wächst, ist wirklich saftig grün. Ein Stück weiter plätschert ein kleiner Bach munter dahin.

Ach ist es schön hier – so viel Ruhe um einen herum und mal nichts tun zu müssen!
Du gönnst dir eine Pause und machst es dir auf der Wiese bequem . . . Deine Gedanken lässt du einfach ziehen, wie Wolken am Himmel, denn du möchtest im Moment durch nichts gestört werden . . .
Ganz ruhig liegst du da und fühlst dich herrlich entspannt . . . Deine Arme und Beine sind schwer . . . Ganz schwer liegen deine Arme und Beine im grünen Gras . . . Du kannst die Schwere in deinem Körper ganz deutlich spüren . . . Die Sonne streichelt dich mit ihren Sonnenstrahlen . . . Hm, wie schön warm sich die Sonnenstrahlen anfühlen . . . Deine Arme und Beine sind besonders warm . . . Spüre mal, wie sich die Wärme in deinem ganzen Körper ausbreitet. Dein ganzer Körper ist strömend warm und ganz entspannt . . .
So liegst du noch eine Weile ruhig da und sammelst neue Kraft . . .

Wenn du genug ausgeruht hast und dich wieder fit und munter fühlst, stehst du auf. Du folgst einem kleinen weißen Schmetterling, der vergnügt über die bunte Blumenwiese fliegt ...

Da nimmst du mit einem Mal einen wunderbaren Duft wahr ... Hm, wie gut das riecht ... Dieser Duft lässt dich noch tiefer entspannen und macht dir ein ganz warmes Gefühl ums Herz ... Du fühlst dich so glücklich ...

Und da erkennst du auch schon, woher der zarte, liebliche Duft kommt: Vor dir liegt eine prächtige Rosenhecke, an der tausende von wunderschönen Rosenblüten im hellen Licht der Sonne blühen ... Wie wunderschön!

Nun entdeckst du einen kleinen Durchgang, der durch die Rosenhecke führt. Du gehst hindurch und vor dir liegt ein prächtiges Schloss, das mit lauter Rosen geschmückt ist. In diesem Moment kommt eine Prinzessin aus dem Schlosstor heraus, die das schönste Kleid trägt, dass du jemals in deinem Leben gesehen hast. Das Kleid ist aus weißer Seide und darauf sind lauter kleine Rosenknospen gestickt ...
Na klar, diese Prinzessin ist ja Dornröschen!

Sie hat dich entdeckt und winkt dich zu sich. Gemeinsam geht ihr im Schlossgarten spazieren. Die Vögel zwitschern leise ihre Lieder. Von dem Garten, in dem auch lauter Rosen wachsen, scheint ein Zauber auszugehen. Es ist einfach unbeschreiblich schön ...

In einem kleinen Pavillon steht ein gedeckter Tisch mit Stühlen für euch bereit. Ihr nehmt Platz und Dornröschen bietet dir ein Stück Torte an, die natürlich mit lauter Marzipanröschen verziert ist. Die Torte schmeckt köstlich und ist wunderbar süß ...

Dann muss Dornröschen wieder zum Schloss zurück. Du begleitest sie dorthin und dankst ihr für den schönen Nachmittag. Sie bückt sich und pflückt eine Rose für dich.
»Hier!«, sagt sie. »Die ist für dich – zur Erinnerung!«
Vor Freude strahlend nimmst du die Rose an dich und verlässt den Schlosspark durch den Durchgang in der Rosenhecke . . .

Du spazierst über die bunte Blumenwiese zurück nach Hause und hältst die herrliche Rose fest in deinen Händen . . . Sie duftet ebenso wunderbar wie der Garten von Dornröschen. Eine schöne Erinnerung . . .

Hinter den sieben Bergen . . .

Schließe deine Augen und stell dir einmal vor, es ist ein schöner Tag. Die Sonne scheint und so packst du dir etwas Proviant in einen kleinen Rucksack.

Als du alles fertig eingepackt hast, machst du dich auf den Weg . . .
Du schlenderst aus dem Gartentor hinaus und gehst an einem Sonnenblumenfeld entlang. Wie schön die Sonnenblumen aussehen und wie lustig sie ihre Blüten der warmen Sonne entgegenstrecken! Du erfreust dich an ihnen und gehst weiter.

Hinter dem Feld liegen die Berge. Du hast Lust auf eine Bergtour und marschierst den Berg hinauf. Der Berg ist nicht so steil, und weil du gerade so richtig in Schwung bist, kletterst du einen Berg nach dem nächsten hinauf und wieder hinunter . . .

Als du den letzten Berg hinabsteigst, siehst du vor dir eine kleine, gemütlich aussehende Hütte auf einer kleinen Lichtung. Aus dem Schornstein steigen kleine Rauchwölkchen und vor der Hütte steht eine kleine Bank. Wie einladend, denkst du. Hier werde ich eine kleine Rast machen.

Kaum hast du es dir auf der Bank bequem gemacht, da kommt jemand aus der Tür.
»Wie schön, wir haben Besuch«, sagt die Frau freundlich, die aussieht wie

eine Prinzessin. Ihr Haar ist glänzend schwarz und lang und sie trägt ein prachtvolles Kleid.
Bevor du deinen Proviant aus dem Rucksack holst, hat sie dir schon ein Tablett mit Saft und eine Schale mit frischem Obst gebracht.
»Hier!«, sagt sie. »Iss und trink. Das Obst ist aus meinem Garten, frisch geerntet. Ich bin immer froh, wenn mal jemand zu Besuch kommt.«
Du freust dich hier so willkommen zu sein und nimmst das frische Obst gerne an.
»Oh, Entschuldigung! Ich habe mich noch gar nicht vorgstellt!«, sagt die Frau lächelnd. »Ich heiße Schneewittchen und wer bist du?«
Du machst große Augen und staunst. »Schneewittchen?«, fragst du.
Und die Frau nickt dir lachend zu. Du kannst dein Glück kaum fassen und da fällt es dir auf: Du bist über sieben Berge geklettert und dort wohnen ja bekanntlich die sieben Zwerge! Wie toll – du bist begeistert.

Als du das Obst gegessen und den köstlichen Saft getrunken hast, fühlst du dich prima gestärkt.
»Das hat gut getan!«, sagst du und bedankst dich für die köstliche Mahlzeit.
»Komm, ich zeig dir unser Heim«, schlägt Schneewittchen vor und bittet dich in die Hütte. Alle Möbel im Innern sind ganz klein – für die Zwerge halt. Aber ansonsten sieht es genau so aus wie bei dir zu Hause. Es gibt einen Esstisch mit Stühlen, eine kleine Küche und natürlich ein Schlafzimmer mit vielen Betten: sieben kleine Betten für die Zwerge und ein größeres Bett für Schneewittchen.
»Jetzt muss ich die Zwerge abholen«, sagt Schneewittchen. »Hast du Lust, mich zu begleiten?«
»Gerne«, antwortest du und setzt deinen Rucksack wieder auf.
Schneewittchen schließt die Haustür ab und gemeinsam wandert ihr den Berg hinauf nach oben. Dabei unterhaltet ihr euch über dies und das.
Nach einer Wanderung über die Berge kommt ihr am letzten Hügel an ei-

ne kleine Höhle. Die hattest du auf dem Hinweg gar nicht bemerkt. Die Höhle wirkt einladend und freundlich. Alles ist ganz hell erleuchtet und überall sind lustige Laternen aufgestellt. Ihr geht einen Gang entlang, der breiter wird und schließlich in einer Art Halle endet. Hier sind die sieben Zwerge noch fleißig. Als sie euch kommen sehen, hören sie mit der Arbeit auf und begrüßen euch freundlich.
Die Zwerge sehen ganz lustig aus. Ihre langen Bärte sind weiß, sodass man denkt, sie wären aus Watte. Auf den Köpfen tragen sie lustige Zipfelmützen und die Füße stecken in kleinen Lederstiefeln. Die Augen der Zwerge blinzeln dir freundlich zu.

Es ist Zeit für den Heimweg. Die Zwerge löschen die Lichter und schließen die Höhle hinter sich mit einer Holztür. Alle begleiten dich noch nach Haus. Zum Abschied schenken die sieben Zwerge dir einen der Edelsteine, die sie heute in der Höhle entdeckt haben. Er funkelt ganz hell und ist wunderschön.

Du bedankst dich ganz herzlich, wünschst ihnen einen guten Heimweg und versprichst sie bald wieder einmal besuchen zu kommen.

Dann kuschelst du dich müde, aber unendlich glücklich in dein Bett hinein . . . Ganz ruhig und entspannt bist du . . . du spürst eine wohltuende Schwere in deinen Armen und Beinen . . . Ganz schwer fühlen sich deine Arme und Beine von der langen Bergwanderung an. Ja, dein ganzer Körper ist schwer . . . Schwer und vollkommen entspannt liegst du da . . . Und die Decke wärmt dich . . . Beide Arme und Beine sind warm . . . Spüre die strömende Wärme in deinem Körper und wie sie sich ausbreitet . . . Warm, ganz wohlig warm fühlst du dich . . . Schwer, warm und vollkommen entspannt . . . Dann schläfst du ein und träumst von Schneewittchen und den sieben Zwergen . . .

Däumelinchen

Schließe nun deine Augen. Stell dir vor, du liegst auf einer wunderschönen Wiese. Und um dich herum wachsen lauter Gänseblümchen, deine Lieblingsblumen.
So liegst du im weichen, warmen Gras, schaust in den leuchtend blauen Himmel und lässt dir die Sonne auf den Bauch scheinen ...
Ach, tut das gut – einfach mal nur so dazuliegen und nichts tun zu müssen, wunderbar! Und nun schließt du deine Augen und träumst eine ganze Weile vor dich hin ...

Ganz ruhig und vollkommen entspannt liegst du da ... dein Körper fühlt sich schwer an ... Schwer und entspannt liegst du auf der Wiese ... Beide Arme und beide Beine sind schwer ... Ganz schwer ... Spüre mal, wie schwer sich deine Arme und Beine anfühlen ... Und die Sonne scheint hell und ganz warm ... Du spürst ihre Sonnenstrahlen auf deinen Armen und Beinen ... Die Wärme der Sonnenstrahlen strömt durch deine Arme und Beine hindurch ... Und verteilt sich schließlich im ganzen Körper ... Wohlige Wärme durchflutet dich und hält dich ganz geborgen ... Ganz ruhig und entspannt bist du ...

Dann hast du genug gefaulenzt und stehst auf. Gemütlich schlenderst du über die Wiese und gelangst an einen kleinen Wald. Plötzlich kommt ein grünes Blatt durch die Luft gesegelt und darauf sitzt ein winzig kleines Mädchen ...

»Nanu, wer bist du denn?«, fragst du und fängst das Blatt mit deinen Händen vorsichtig auf.
»Ich bin Däumelinchen«, sagt das kleine Mädchen zu dir. »Hast du nicht Lust, mitzufliegen? Alleine ist es so langweilig . . .«
Mitfliegen, denkst du, liebend gerne – aber wie? Ich bin doch riesengroß!
Doch kaum hast du diesen Gedanken zu Ende gedacht, da sitzt du schon auf dem Blatt neben Däumelinchen, die dir zuzwinkert.
»Halt dich gut fest, es geht los!«, sagt sie und wirklich, das grüne Blatt, auf dem ihr es euch gemütlich gemacht habt, hebt sich in die Lüfte. Ganz langsam steigt ihr empor. Du bist total begeistert. So klein wie Däumelinchen und dann noch eine Reise auf einem Blatt – einfach großartig!
Du fühlst dich wie in einer Hängematte, die dich sanft hin und her schaukelt. Ein tolles Gefühl . . .

Ihr fliegt durch den großen Wald hindurch. Das macht riesigen Spaß, denn die Sonne leuchtet hell durch die Baumkronen hindurch und malt auf diese Weise lustige Muster auf euch und das Blatt, auf dem ihr fliegt. Die Muster verändern sich immer wieder und manchmal scheint es so, als wolle die Sonne richtige Bilder malen . . . Fasziniert schaust du dem Spiel der Sonne zu . . .

Nach einiger Zeit landet das Blatt auf der Wiese, wo die vielen Gänseblümchen wachsen. Ganz sanft gleitet das grüne Blatt auf den Boden.
»Mir knurrt vielleicht der Magen«, sagt Däumelinchen und springt mit einem Hops vom Blatt. Und eh du dich versiehst, steht sie mit einer saftigen Himbeere wieder vor dir.
»Hier, die habe ich gerade gepflückt. Magst du beißen?«, fragt Däumelinchen und hält dir die riesige Himbeere hin. Hm, sie schmeckt köstlich – so

wie eine Himbeere eben schmecken muss, ganz saftig und wunderbar süß.

Als ihr die Himbeere aufgegessen habt, bist du pappsatt.
»Dass man von einer Himbeere so satt werden kann, hätt ich nie gedacht!«, lachst du und Däumelinchen lacht zurück.

Dann ist es leider Zeit für den Heimweg. Du dankst Däumelinchen für den schönen Ausflug und nimmst dir vor bald wieder einmal vorbeizukommen.

Gut gelaunt und vollkommen erholt kehrst du schließlich heim.

Komm, mach mit!

Hast du Lust auf einen kleinen Spaziergang? Frag doch jemanden, ob er Lust hat, dich zu begleiten!
Dabei kannst du schöne Steine, kleine Zweige, Moos, kleine Tannenzapfen und vieles mehr sammeln und später auf der Fensterbank oder in einem kleinen Schuhkarton eine schöne Landschaft für Däumelinchen bauen.

Der Zauberspiegel

Schließe deine Augen und stell dir vor, es ist Nachmittag. Deine Hausaufgaben hast du längst fertig, aber draußen regnet es. Was soll man bei so einem Wetter bloß machen?

Da kommt dir eine tolle Idee. Auf dem Speicher werden immer interessante Sachen aufgehoben, die eigentlich keiner mehr braucht, aber zu schade zum Wegwerfen sind. Erst letzte Woche hast du einen alten Karton gefunden, in dem lauter Sachen zum Verkleiden waren!
Du schlüpfst in deine Hausschuhe und kletterst die lange Treppe zum Speicher hinauf.

Oben angekommen, drehst du den Schlüssel um, der im Schloss steckt, und öffnest die Tür. Durch die Dachluken fällt genug Licht auf den Speicher. Du siehst einen alten Spiegel, der weit hinten in einer Ecke steht. Dieser Spiegel ist riesig groß und hat einen verschnörkelten Rahmen. Er sieht aus wie ein richtiger Zauberspiegel, so wie man ihn aus alten Märchen kennt.
Du gehst darauf zu und stellst dich davor, um dein Spiegelbild zu betrachten. Wie seltsam, als du hineinschaust, erkennst du dich zwar, aber du siehst ganz anders aus! Deine Füße stecken in eleganten Lederstiefeln und du trägst eine Art Frack und darunter eine weiße Bluse mit goldenen Knöpfen, na, so was!
Als du noch einen Schritt nach vorne gehst, um dich besser sehen zu kön-

nen, stehst du mit einem Mal vor einem riesengroßen, alten Karussell, auf dem lauter bunte Pferde und Kutschen schon sehnsüchtig auf dich warten. Das antike Karussell spielt leise Drehorgelmusik und du suchst dir das schönste Pferd aus, das du finden kannst.

Du steigst hinauf und das Karussell beginnt sich zu drehen. Dabei wird schöne Musik gespielt und du betrachtest erfreut die Gegend. Das Pferd trägt dich ganz sicher und bewegt sich scheinbar vollkommen mühelos auf und ab. Und als du dich umschaust, um das zauberhafte Karussell zu betrachten, sind auf einmal noch andere Kinder dort, die wie du auf den Pferden reiten oder sich in den Kutschen fahren lassen.
»Und hopp!«, ruft ein kleiner Junge seinem Pferd zu. »Schneller geht's im Galopp!«
Ja und tatsächlich, nun laufen die Pferde schneller, aber nicht mehr nur im Kreis, sondern eins nach dem anderen – hopp – vom Karussell herunter. Ihr macht ein richtiges Pferderennen! Das hast du dir schon immer mal gewünscht. Ach, wie toll, dir gefällt das Pferderennen ausgezeichnet und du bist völlig begeistert. Fröhlich ermutigst du dein Pferd die anderen vor euch zu überholen.

Und tatsächlich. Da vorne ist das Ziel, du hast es gleich geschafft . . . Ja, hurra, du bist der Sieger dieses Rennens. Schon umjubeln dich die anderen und heben dich vom Pferd hinunter.
Ein kleines Mädchen kommt herbeigelaufen und schenkt dir einen Blumenstrauß. Du bist nach diesem abenteuerlichen Rennen ganz schön aus der Puste und machst dich auf die Suche nach einem gemütlichen Platz, an dem du dich mal ausruhen kannst.
Und du brauchst gar nicht weit zu gehen, da entdeckst du ein Stück Wiese, auf dem ein Baum steht. So machst du es dir unter dem Baum gemütlich und schließt einen Moment lang die Augen, um dich auszuruhen . . .

Ganz ruhig und vollkommen entspannt bist du nun . . . deine Arme und Beine sind schwer . . . Ganz schwer . . . Fühl mal, wie schwer sich deine Arme und Beine anfühlen. Ja, dein ganzer Körper fühlt sich schwer an . . . Von dem Pferderennen ist dir ganz warm . . . Es ist eine ganz angenehme Wärme in dir. Spüre mal, wie warm deine Arme und Beine sind . . . Ganz warm fühlen sich die Arme und Beine an . . . Die wohltuende Wärme strömt durch deinen ganzen Körper hindurch . . . Wunderbar . . . Du bist so entspannt und ganz gelassen . . .
Als du schließlich genug neue Kraft und Energie gesammelt hast, stehst du auf und machst dich gut gelaunt auf den Heimweg.

Komm, mach mit!

Hast du Lust, dich zu bewegen? Dann suche dir im Haus oder noch besser im Garten, auf dem Spielplatz oder einer schönen Wiese einen Platz, an dem du Pferderennen spielen kannst. Du kannst »traben«, »galoppieren« und einfach mal so schnell flitzen, wie du kannst!
Wenn du dann keine Kraft mehr hast, leg dich auf eine warme Decke und schließe einen Moment lang die Augen. Horch mal in dich hinein und versuche zu spüren, wie schwer sich deine Arme und Beine nun in Wirklichkeit anfühlen und wie sich die Wärme in dir anfühlt . . . Ein schönes Gefühl, oder?
Dann kannst du auch einfach mal beobachten, wie du mit jedem Atemzug ruhiger wirst und schließlich ganz entspannt daliegst.

Komm mit ins Zauberland!

Eine Unterwasserreise

Schließe wieder deine Augen und komm zur Ruhe . . .
Wenn dich nichts mehr stört und du ganz bequem liegst, dann stell dir einfach mal vor, du gehst an einem kleinen Strand spazieren und beobachtest im Meer ein paar Delfine, die ganz ausgelassen im Wasser herumtollen und toben . . .

Einer der Delfine scheint dich bemerkt zu haben und kommt ans Ufer geschwommen: »Hallo!«, begrüßt er dich ganz freundlich. »Magst du mit uns spielen? Wenn du Lust hast, steig auf meinen Rücken und halt dich an meiner Flosse fest!«
Was für eine tolle Einladung! Und so kletterst du auf den Rücken des freundlichen Delfins hinauf und hältst dich fest.
»Ich bin startklar! Von mir aus kann's losgehen!«, sagst du.
Und schon schwimmt der Delfin los. Du fühlst dich in der Nähe des freundlichen Delfins ganz sicher . . .

Als ihr bei den anderen Delfinen ankommt, schlagen die vor Freude gleich ein paar Purzelbäume, denn so einen netten Besuch wie dich haben die Tiere hier auch nicht alle Tage!
Dann spielt ihr »Dreh dich im Kreis« und macht eine lustige Polonäse durch das Meer. Das Wasser ist vollkommen klar, sodass du bis auf den Grund sehen kannst. Der Meeresboden ist aus reinem weißem Sand, der im Licht der einfallenden Sonne wie glänzendes Gold schimmert.

Da entdeckst du eine wunderschöne Muschel am Grund des Meeres, in der eine glitzernde Perle funkelt und glänzt.
»Schau mal da!«, sagst du und deutest mit deinem Finger auf die Muschel, die du gerade gesehen hast.
»Diese Muschel ist etwas ganz Besonderes. Sollen wir mal hinuntertauchen?«, fragt dich der Delfin.
»Ja, aber ich bin doch kein Fisch, wie soll ich denn im Wasser Luft bekommen?«, wunderst du dich.
»Kein Problem. Halt dich einfach weiter an meiner Flosse fest, dann wird dir nichts passieren, versprochen!«
»Okay«, antwortest du und vorsichtig taucht ihr schon unter ... Du kannst ganz unbeschwert weiteratmen.
Wie schön die Muschel aus der Nähe aussieht und wie elegant sich die kleinen Wasserpflanzen hin und her bewegen, die daneben wachsen. Es sieht aus, als würden sie vor Freude tanzen ...
Dann kommt ein kleiner Schwarm schillernder Fische, die so bunt glänzen wie ein Regenbogen. Sie schwimmen vergnügt neben euch her.
Nun gelangt ihr zu einem Torbogen, der aussieht wie das Portal eines Unterwasserschlosses. Ob hier der Meereskönig wohnt? Vergnügt taucht ihr unter dem Torbogen durch und folgt den Sonnenstrahlen, die bis hierhin das Meer hell erleuchten ...

Aber dann wird es langsam Zeit, zum Strand zurückzukehren. Der Delfin bringt dich zu der Stelle, an der ihr den gemeinsamen Ausflug begonnen habt. Du bedankst dich und der Delfin schwimmt wieder zu den anderen Delfinen ins weite Meer zurück.

Du machst es dir im warmen Sand ganz gemütlich, legst dich hin und schließt einen Moment lang deine Augen . . .
Du bist ganz ruhig und entspannt. Deine Arme und Beine liegen schwer im warmen Sand . . . Ganz schwer liegst du da und fühlst dich wohl . . .
Spüre noch mal, wie schwer sich deine Arme und Beine anfühlen . . .
Dann bemerkst du die Sonne . . . Die Sonne scheint ganz warm auf deine Arme und Beine . . . Es fühlt sich an, als wolle sie dich mit ihren Sonnenstrahlen sanft massieren . . . Die wohltuende Wärme strömt durch deine Arme und Beine hindurch . . . Immer mehr verteilt sich die Wärme, sodass du sie in deinem ganzen Körper spüren kannst . . . Du genießt die Wärme in dir, weil sie dir neue Kraft und Energie schenkt . . . Du fühlst dich rundherum glücklich und herrlich entspannt . . .

Dann stehst du schließlich auf und machst dich fröhlich und erholt auf den Heimweg . . .

Komm, mach mit!

Hast du noch Muscheln oder schöne Steine aus deinem letzten Urlaub? Dann leg dir doch ein schönes Muster damit auf ein buntes Tuch. Du kannst auch noch andere Dinge dazu benutzen, wenn du magst, zum Beispiel bunte Glasmurmeln, kleine Zweige oder Ähnliches.
Im Sandkasten im Garten oder auf einem nahe gelegenen Spielplatz, kannst du auch mit einem oder mehreren Mitspieler ein lustiges Spiel machen. Streiche den Sand mit deiner Hand möglichst glatt. Male nun mit dem Finger eine Figur hinein und ein Mitspieler muss erraten, was das Bild darstellt. Wer es als Erstes erraten hat, darf das nächste Bild in den Sand zeichnen!

Spaziergang in der Sonnenallee

Schließe deine Augen. Wenn du ganz bequem liegst, dann stell dir mal vor, es ist ein wunderschöner Tag im Sommer. Du bist gut gelaunt aufgewacht, öffnest das Fenster und lässt die frische Morgenluft herein …

Nachdem du dich angezogen und gefrühstückt hast, gehst du wieder in dein Zimmer. Auf deiner Fensterbank sitzt ein wunderschöner, kleiner Krabbelkäfer, der fast aussieht wie ein Marienkäfer, nur dass dieser Käfer ganz gelb ist.
»Guten Morgen!«, sagt der kleine Käfer mit so feiner, zarter Stimme, dass dir richtig warm ums Herz wird. »Ich möchte mit dir spazieren fliegen!«
Du bist ganz entzückt von diesem kleinen, so goldigen Kerlchen, das da auf deiner Fensterbank in der warmen Sonne umherkrabbelt. Und so stimmst du dem Spazierflug nickend zu.

»Dann sag mal ›summsebrumm‹ – damit du auf meinem Rücken Platz findest!«, bittet dich der kleine Käfer. »Ach, übrigens, ich bin ein Sonnenkäfer«, stellt er sich vor.
Du stehst auf der Fensterbank und sagst leise »summsebrumm« und schwupp sitzt du auf dem Rücken des Sonnenkäfers.
»Halt dich gut fest!«, ruft dir der Sonnenkäfer mit seiner feinen Stimme zu und schon fliegt er aus dem Fenster hinaus in Richtung Sonne.
Wie lustig die Welt von hier oben aussieht. Wann bekommt man schon einmal so einen fabelhaften Ausblick? Einfach wunderbar …

So fliegt ihr eine ganze Weile durch den strahlend blauen Himmel. Schließlich kommt ihr an einem Straßenschild vorbei, auf dem steht »Sonnenallee«.
»Wir sind da!«, sagt der Sonnenkäfer und lässt dich von seinem Rücken herunterklettern. Du siehst dich staunend um, alles hier wirkt hell und freundlich. Doch das Schönste ist, dass dich eine so angenehme, wohltuende Wärme umgibt, wie sie dir sehr gut tut . . .

So schlenderst du die Sonnenallee entlang und der kleine Käfer folgt dir krabbelnd. Die Bäume, die am Rand der Allee wachsen, haben leuchtend gelbe Blätter. Und das Lustigste daran ist, dass diese Blätter nicht so aussehen, wie du sie kennst, sondern wie lauter kleine Sonnen. Und jedes Mal wenn ein kleiner Windhauch durch die Baumkronen streift, läuten und bimmeln die kleinen Sonnenblätter wie 1 000 kleine Glöckchen . . . Der zauberhafte Klang lässt dich ganz tief entspannen . . .

Du gehst weiter durch die so einladende Sonnenallee und erfreust dich an den warmen Farben, die es hier zu sehen gibt.
Nach einer Weile liegen vor dir zwei große, kuschelig weiße Wolken. Zwischen diesen Wolken, die wie weiche Watte aussehen, hängt eine große Hängematte. In dieser Hängematte schaukelt die wunderschönste Fee, die du jemals gesehen hast.
»Willkommen in der Sonnenallee«, singt die Frau dir mit feiner Stimme zu.
Und plötzlich fällt es dir auf: Diese Frau ist keine Fee, sondern die Sonne. Ihr Haar scheint aus tausenden von sehr feinen Sonnenstrahlen zu bestehen und ihr Kleid ist so prächtig, dass es um sie herum ganz warm strahlt und leuchtet. Du kannst die Wärme der Sonnenstrahlen richtig spüren.

Dann reicht dir die Sonne ihre zarte Hand und hilft dir hinauf auf die Hängematte. »Komm, nimm Platz und ruh dich eine Weile aus!«, fordert sie dich auf und reicht dir ein weiches, gelb leuchtendes Kissen und eine Decke, die aus lauter Sonnenstrahlen gewebt wurde. Du macht es dir gemütlich und lässt dich von der Sonne ganz sanft schaukeln.

Du bist ganz ruhig und entspannt . . . Du spürst so ein großes Gefühl der Liebe in dir, das dir zugleich ganz viel Kraft schenkt . . . dein Körper liegt schwer und entspannt in der Hängematte . . . Kannst du die Schwere in deinen Armen und Beinen spüren . . .? Schwer, ganz schwer und vollkommen entspannt liegst du da . . .
Dann spürst du die Decke aus Sonnenstrahlen, die dich warm hält . . . Es fühlt sich an, als würden dich die vielen Sonnenstrahlen liebevoll massieren und streicheln . . . Du nimmst die Wärme tief in dir auf . . . Deine Arme und Beine sind warm . . . Strömende Wärme . . . Auch die Sonne, die neben dir sitzt und über dich wacht, schenkt dir etwas von ihrer Wärme . . . Spüre die Wärme in dir . . . Ganz warm und rundum geborgen fühlst du dich . . .

Dann neigt sich der Tag langsam dem Ende zu. Für die Sonne ist es auch bald Schlafenszeit, denn auch sie muss sich ausruhen und Kraft für den neuen Tag sammeln.
Sie lässt einen ihrer Sonnenstrahlen ganz hell aufleuchten und bittet dich darauf Platz zu nehmen. Du bedankst dich bei ihr für den schönen Ausflug in die Sonnenallee und freust dich schon jetzt auf das nächste Mal!
»Bis bald!«, rufst du und rutschst den warmen Sonnenstrahl lachend hinunter, bis du an deinem Kinderzimmerfenster angekommen bist.

Du winkst der Sonne von dort aus noch einmal zu und schließt das Fenster.

Komm, mach mit!

Hast du Lust, eine schöne Sonne zu basteln? Dann schneide dir aus einem Stück fester Pappe eine Sonne aus und rühr etwas Tapetenkleister mit Wasser an. Mit lauter Schnipseln aus Zeitungspapier und Kleister kannst du nun die ausgeschnittene Sonne bekleben. Verwende für die letzte Schicht am besten gelbes Seiden- oder Transparentpapier.

Im Kinderzimmer ist was los

Liegst du ganz bequem? Dann schließe jetzt deine Augen und stell dir vor, du sitzt in deinem Kinderzimmer.
Du langweilst dich und weißt gar nicht so richtig, was du spielen sollst. Dabei ist dein Regal voller Spielsachen und in einer großen Kiste stapeln sich die Kuscheltiere.

Nun siehst du den großen Karton, der gleich neben deinem Bett steht. Darin liegt ein Berg alter Zeitungen, den du eigentlich längst zum Altpapiercontainer gebracht haben solltest!
Plötzlich schwebt ein Zeitungsblatt aus dem Karton heraus und im Nu hat sich daraus ein kleines Boot gefaltet! Und schon fliegt das nächste Blatt Zeitung los und auch dieses faltet sich von ganz alleine zu einem tollen Schiff, das auf deinem Teppich umherfährt . . .

Und mit einem Mal rappelt der Karton und die Stifte auf deinem Schreibtisch malen ihm einen Anker und Bullaugen, eine lustige Reling, und aus den restlichen Zeitungen wird ein riesengroßes Segel.
Du sitzt plötzlich auf dem Schiff und stichst in See . . . Um dich herum ist das blaue Meer und all die kleinen Schiffe, die soeben noch auf deinem Kinderzimmerteppich umhergesegelt sind . . .
Das Meer ist heute vollkommen ruhig, denn es ist gutes Wetter. Der Himmel strahlt und die Sonne scheint wunderbar, sodass sich die vielen Sonnenstrahlen auf der Meeresoberfläche spiegeln. Wie lustig das aussieht!

Da hörst du von einem kleinen Motorboot ein Startsignal – die Regatta hat begonnen. Du hisst deine Segel und los geht die große Fahrt. Dein Boot ist schnell, aber auch die anderen Boote kommen gut voran . . .

Voller Eifer lenkst du dein Schiff geschickt an den Bojen vorbei, als hättest du nie etwas anderes getan, als Kapitän auf deinem eigenen Schiff zu sein!

Das Segeln macht dir viel Spaß und du freust dich über einen so schönen Tag . . .
Langsam kommt der Zielhafen in Sicht. Dein Schiff wird etwas langsamer, aber es ist immer noch so schnell, dass es als erstes dort ankommt. Super, herzlichen Glückwunsch! Alle Zuschauer an der Hafenmauer jubeln dir zu und winken fröhlich. Es ist ein tolles Gefühl, so gefeiert zu werden.

Doch nun bist du müde, denn die Regatta war ziemlich anstregend. Du legst dich in die bunte Hängematte, die du an Deck angebracht hast, und kuschelst dich mit deiner Lieblingsdecke hinein.

Ganz ruhig und vollkommen entspannt liegst du da . . . Nichts geht dir mehr durch den Kopf und du genießt einfach nur die Ruhe . . .
Dein Körper ist schwer . . . Besonders schwer sind deine Arme und Beine . . . Fühl mal, wie schwer deine Arme und Beine in der Hängematte liegen . . . Ganz schwer und entspannt . . .
Die bunte Decke wärmt dich und auch die Sonne umhüllt dich mit ihren warmen Strahlen . . . Beide Arme und Beine sind warm . . . Strömende Wärme fließt durch dich hindurch . . . Spüre, wie sich die Wärme in deinem Körper strömend ausbreitet . . . Wohlig warm und ganz sicher und geborgen fühlst du dich jetzt.
Das Wasser schaukelt das Schiff ganz sanft und sacht hin und her . . . Ganz

ruhig und gleichmäßig . . . Ebenso ruhig und regelmäßig geht dein Atem . . . Ein und aus, ein und aus . . . Immer im selben ruhigen Rhythmus . . .

Dann fühlst du dich wunderbar gestärkt und wieder voller Kraft. Die kleine Pause hat dir sehr gut getan!
Doch jetzt ist es Zeit, nach Hause zu fahren. Du lenkst dein Boot geschickt durch den Hafen hindurch und all die kleinen Boote folgen dir wieder und begleiten dich. Bis du schließlich wohlbehalten zu Hause ankommst.

Komm, mach mit!

Sicher hast du zu Hause auch altes Zeitungspapier? Wenn nicht, kannst du auch ganz normales Papier dazu nehmen. Falte das Papier zu unterschiedlich großen Schiffen und lasse sie am Waschbecken, der Badewanne oder bei gutem Wetter auch draußen in einer großen Wanne schwimmen.

Reise mit dem Wind

Lege dich ganz gemütlich hin. Schließe deine Augen und horch noch einmal in dich hinein, ob du dich wirklich wohl fühlst. Wenn dich nun nichts mehr stört, dann stell dir einfach mal vor, du gehst spazieren . . .
Du schlenderst einen Weg an einem kleinen Bach entlang und lässt die Seele einfach baumeln, denn du hast einen anstrengenden Vormittag hinter dir . . .
Als du so spazierst, kommt auf einmal ein kleiner Wind des Weges. Der Wind sieht aus wie eine Wolke, nur etwas durchsichtiger und mit dicken hellblauen Backen, mit zwei lustigen leuchtend blauen Augen und einer runden, dicken Nase. Auf seinem Kopf kringeln sich weiß schillernde Locken!
»Hui – hallo!«, sagt der Wind, was sich eher wie lustiges, leises Pusten anhört. »Darf ich dich zu einem kleinen Ausflug einladen? Ich heiße übrigens Benno Blasemann!«

Ein Ausflug mit dem Wind – na klar, da bist du mit dabei!
»Sehr gern!«, antwortest du. Und schon landet Benno Blasemann, der Wind, vor dir auf dem Boden und lässt dich aufsteigen . . .

Mit einem kleinen Hui steigt Benno Blasemann mit dir hinauf in die Lüfte. Ganz schwerelos fliegt ihr oben am blauen Himmel. Als ihr an eine weiße Wolke stoßt, pustet der Wind sie mit seiner kräftigen Puste einfach weiter. Schließlich ist so schönes Wetter und da haben Wolken heute keinen Platz.

Bei der nächsten Wolke, der ihr auf eurer Reise durch die Lüfte begegnet, pustet ihr zusammen und – hui!, schon fliegt die Wolke davon . . .

Das macht vielleicht Spaß, mit dem Wind auf Reisen zu gehen . . . Ihr fliegt mal hier- und mal dorthin. Da entdeckst du unter dir eine Stadt und genau in der Stadtmitte steht eine große Kirche mit einem Kirchturm. Auf der Spitze des Kirchturmes steht stolz der Wetterhahn, der bei dem gutem Wetter gar nichts zu tun hat.
Ihr stattet dem Wetterhahn einen kleinen Besuch ab und landet auf dem Kirchturm . . .

»Na, mein kleiner Freund«, sagt der Wind zum Wetterhahn. »Hast du heute nichts zu tun?«
»Solange du nicht anfängst aus vollen Backen zu blasen!«, antwortet der Wetterhahn und blinzelt.
»Heute nicht, ich habe keine Lust«, erwidert Benno Blasemann. »Heut zeige ich meinem kleinen Freund nämlich die weite Welt von oben!«
»So, so«, bemerkt der Hahn und freut sich, dass ihr ihn auf dieser Reise auch besucht. Schließlich bekommt man auf dem Dach der Kirchturmspitze höchst selten Besuch!

Dann fliegt ihr weiter und der Wind lässt dich in seinen Armen sitzen. Das ist wie in einer Hängematte – einfach toll. Und so ruhst du dich eine Weile aus, während der Wind durch den Himmel fliegt . . .

Ganz ruhig liegst du da und bist vollkommen entspannt . . . Nichts stört dich hier oben und nichts lenkt dich ab . . . Du fühlst dich rundherum wohl und schließt deine Augen . . . Da spürst du, wie schwer deine Arme und Beine sind . . . Ganz schwer fühlen sie sich an . . . Du liegst ganz schwer und entspannt in den Armen des Windes und lässt es dir gut gehen . . . Da

kommt die Sonne ein Stück zu dir herüber und umhüllt dich mit ihren warmen Strahlen . . . Strömende Wärme spürst du in deinem ganzen Körper . . . Besonders warm sind deine Arme und Beine . . . Warm, wohlig warm bist du nun . . . Du spürst die wohltuende Wärme sogar im Bauch . . . Das tut vielleicht gut . . .
Benno Blasemann schaukelt dich in deinen Armen ganz sanft hin und her . . . Ganz ruhig und ganz gleichmäßig . . . So ruhig und regelmäßig fließt auch dein Atem . . . du spürst, wie ruhig und gleichmäßig dein Atem in dir ein und aus strömt . . . Und du bist vollkommen entspannt . . .

Dann ist es langsam Zeit für den Rückflug! Der Wind bringt dich nach Hause und setzt dich dort wohlbehalten ab.
»Wenn du mal wieder Lust auf einen luftigen Ausflug hast, du weißt ja, wo du mich findest!«, sagt Benno Blasemann und haucht dir zum Abschied einen zarten Kuss auf deine Stirn . . . Oh, das tut gut, denn der Kuss kühlt deine Stirn und macht dich wieder frisch und fit . . .

Komm, mach mit!

Hast du Lust, selbst einmal Wind zu spielen? Dazu brauchst du ein großes Blatt Papier, Pinsel, Wasserfarben, einen Becher mit Wasser und einen Trinkhalm.
Nun malst du mit reichlich Wasser einen bunten Klecks auf das Papier. Und dann spielst du kräftig Wind und pustest mit oder ohne Trinkhalm in den bunten Klecks hinein – hui, wie die Farbe plötzlich über das Blatt rennt! Das macht richtig Spaß, mit dem Atem zu malen, oder?

Landung auf dem Mond

Schließe nun deine Augen . . . Wenn dich nichts mehr stört und du ganz bequem liegst, dann stell dir vor, es ist Abend. Es ist noch sehr warm draußen, denn den ganzen Tag über hat die Sonne geschienen.
Du liegst schon in deinem Bett und schaust aus dem Fenster und bewunderst den blauen Abendhimmel. Wie die Sterne heute wieder funkeln, so hell und klar . . .
Auch der Mond ist gut zu sehen. Er scheint so hell, dass du ein kleines Raumschiff bemerkst, das auf dem Lichtstrahl des Mondes in Richtung Erde fliegt.

Das bunt bemalte Raumschiff kommt näher und landet mitten in deinem Kinderzimmer, direkt vor deinem Bett. Dann öffnet sich eine kleine Luke und ein Zwerg schaut heraus, mit einer dunkelblauen Zipfelmütze, auf der goldene Sternchen blinken – als wären es echte. Der Zwerg hat rote Wangen, ein lustiges Gesicht mit einer langen Nase und einem kleinen, weiß gelockten Bart.

»Guten Abend«, begrüßt er dich freundlich mit beruhigender Stimme. »Hast du Lust, mit mir auf dem Mond zu landen?«
»Na und ob!«, antwortest du hocherfreut und springst schon aus dem Bett.
»Halt, halt! Nicht so hastig, mein kleiner Freund, erst noch einen warmen Pullover anziehen und die Schuhe nicht vergessen!«, fordert dich der Zwerg auf und seine schöne Zipfelmütze wackelt dabei hin und her. Die kleinen Sterne, die darauf blinken, erhellen dein Zimmer, als wären es viele kleine Lämpchen.

Als du dir etwas übergezogen hast, bist du bereit.
»Dann komm!«, sagt der Zwerg und bittet dich in das bunte Raumschiff einzusteigen.

Du kletterst durch die Luke hinein und wunderst dich. Denn hier ist unglaublich viel Platz und alles ist viel größer, als es von außen aussieht! Du nimmst Platz und der Zwerg schnallt dich an. Auch er setzt sich hin und gurtet sich an.

Dann hebt das Raumschiff vorsichtig ab und fliegt ganz gemütlich in Richtung Mond durch die sternenklare Nacht . . .

Du bist völlig begeistert und schaust dir aus dem Fenster die Welt bei Nacht an. In manchen Häusern brennt noch Licht, aber die meisten Menschen sind bereits schlafen gegangen . . .

Da liegt der gute, alte Mond schon vor euch. Es ist nicht mehr weit und der Zwerg lässt das Raumschiff langsamer werden . . .
Schließlich seid ihr da und die Luke öffnet sich wieder.
»Dann los«, sagt der Zwerg und weist dir den Weg.
Gespannt und neugierig steigst du aus. Hier ist es sehr hell und wunderbar warm . . . Überall sitzen und stehen kleine Zwerge wie der, der dich hierher begleitet hat.
»Willkommen auf dem Mond«, sagt ein Zwerg mit silberner Nickelbrille und einem grauen Bart. Er scheint der älteste von ihnen zu sein.
»Wir sind die Mondzwerge und sorgen dafür, dass hier im Himmel alles seine Ordnung hat!«, erklärt er. Auch dieser Zwerg hat eine so beruhigende Stimme, dass du gähnen musst.

Er führt dich durch eine hell erleuchtete Gasse und trägt in seiner Hand eine kleine Laterne, die ein warmes Licht verströmt. Doch in der Laterne leuchtet keine Kerze, sondern ein blitzeblank geputzter Stern!

Überall siehst du in den erleuchteten kleinen Häusern, Gärten und Türmchen Zwerge sitzen, die fleißig arbeiten. Wie der Mondzwerg dir eben er-

klärt hat, scheinen die eifrigen kleinen Kerle wirklich damit beschäftigt zu sein, dass alles gut funktioniert.
Gerade entdeckst du ein paar Zwerge, die mit weißen Seidentüchern ein paar Sterne blitzeblank putzen.
»Guten Abend!«, begrüßt dein Begleiter die kleinen, eifrigen Mondzwerge, die die Sterne putzen.
»Kein guter Abend«, erwidert einer der Mondzwerge. »Die kleinen Sterne hier haben nur Schabernack im Sinn. Gerade haben wir sie aus dem Mondtümpel gezogen, sie waren voller Schlamm!«
Du musst lächeln. Da scheinen die kleinen Sterne euch Menschenkinder ja recht ähnlich zu sein! Ihr setzt euch eine Weile dazu und helft mit all die kleinen Sternchen wieder sauber zu kriegen. Schließlich müssen sie am Abendhimmel ja tüchtig leuchten!

Dann ist es Zeit für deinen Rückflug. Der Mondzwerg fliegt dich wieder auf die Erde.

Ganz müde, aber unendlich glücklich, machst du es dir im Raumschiff bequem. Der Mondzwerg hüllt dich in eine warme Decke ein. Und schon fallen dir die Augen zu ... Ganz ruhig und entspannt liegst du da ... Dein Körper ist schwer ... Ganz schwer fühlt er sich an ... Du spürst die Schwere in deinen Armen und Beinen ... Auch sie sind ganz schwer ... Die Decke hält dich schön warm ... Du spürst, wie warm deine Arme und Beine nun sind ... Fühle die angenehme Wärme in deinen Armen und Beinen ... Die wohltuende Wärme verteilt sich in deinem ganzen Körper ... Es ist strömend warm ...

Als ihr im Kinderzimmer landet, schläfst du schon tief und fest. Du merkst noch, wie der kleine Mondzwerg dich in dein Bett legt und dich gut zudeckt ... Träume was Schönes ...

Von Feen, Trollen & Gespenstern

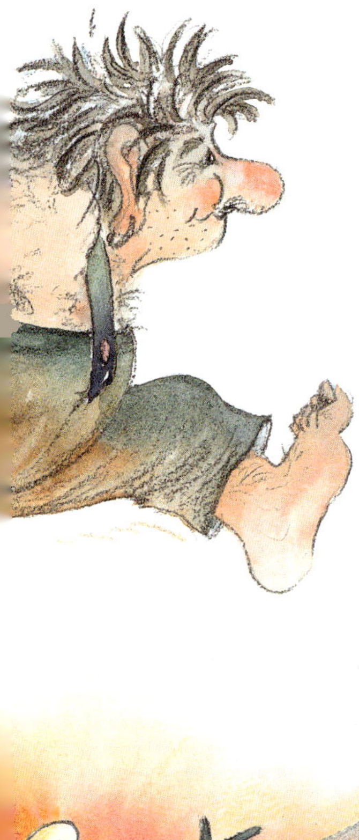

Der kleine Zauberer

Stell dir einmal vor, es ist ein wunderschöner Sommertag. Der Himmel ist leuchtend blau, die Sonne scheint ganz hell und wunderbar warm und du spazierst über eine zauberhafte Wiese . . .
Nachdem du ein Stück gegangen bist, entdeckst du jemanden, der sich auf die Wiese gelegt hat und sich ausruht. Neben ihm liegen ein blauer, spitzer, mit silbernen Sternen bestückter Hut und ein gläserner Stab. Es ist ein kleiner Zauberer!
»Bist du ein echter Zauberer?«, fragst du erstaunt und der kleine Zauberer setzt sich auf.
»Na klar, das bin ich, sieht man das nicht?«, fragt er freundlich zurück und reibt sich die Augen. Jetzt entdeckst du auch seinen Umhang, der dieselbe Farbe hat, wie der Zauberhut.
»Doch, doch!«, erwiderst du. »Aber ich habe noch nie einen echten Zauberer getroffen. Zauberst du mir was?«
»Weißt du, was?«, schlägt dir der Zauberer vor. »Ich bin so schrecklich müde. Hast du nicht Lust, heute mal ein richtiger Zauberer zu sein? Du könntest mich sozusagen aus wichtigen Gründen vertreten und ich nehme mir einfach einen Nachmittag frei!«
»Ja . . .«, stotterst du, vollkommen erstaunt über einen solchen Vorschlag. »Ja, geht denn das überhaupt?!«
»Warum denn nicht!«, sagt der kleine Zauberer und gähnt schon wieder. »Hier hast du meinen Umhang . . . Da, den Hut . . . Und natürlich den Zauberstab!«, sagt er und reicht dir nacheinander seine Sachen.

Der Umhang passt wie angegossen und auch der prächtige Zauberhut hat genau die richtige Größe. Schwupp, fliegt dir der Zauberstab in die Hand. »Dann zaubere mir mal als Erstes eine große Decke und ein Kissen, damit ich es mir hier richtig gemütlich machen kann!«, schlägt der kleine Zauberer vor.
Kaum hat er dies ausgesprochen, flüsterst du dem Zauberstab geheimnisvoll zu. »Hokus, Pokus, Fidibus!« Und schon liegen die vom Zauberer gewünschten Sachen auf der grünen Wiese! Phantastisch!

Der kleine Zauberer wünscht dir viel Spaß und schläft seelenruhig ein. Na gut, denkst du und machst dich auf den Weg. Während du so durch das grüne Gras schlenderst, kommt dir in den Sinn, dass hier eigentlich noch viel mehr Blumen wachsen müssten. Kaum hast du den Zauberstab durch die Luft geschwungen, wachsen und sprießen hier die wunderschönsten Blumen in den zauberhaftesten Farben und Blütenformen, die du je gesehen hast. Wie sollte es auch anders sein, bei richtigen Zauberblumen!

Überglücklich spazierst du zwischen all den gezauberten Blumen umher und betrachtest die vielen Schmetterlinge, die sich an der neuen Blumenpracht erfreuen! Riech mal, wie gut die Blumen duften . . .
Der Duft der Blumen lässt dich ganz tief entspannen . . .

Was mir zum Glück noch fehlt, wäre etwas Buntes, etwas Tolles zum Spielen, denkst du im Stillen. Gerade hast du diesen Gedanken zu Ende gedacht, schwingt sich auch schon der Zauberstab durch die Luft und vor deinen Augen entsteht ein Regenbogen. Er ist kunterbunt und einfach wunderschön anzusehen!
Voller Freude kletterst du den bunten Regenbogen hinauf . . . Du spürst bei jedem Schritt eine angenehme Schwere in deinen Beinen . . . Und als

du nicht mehr kannst, setzt du dich einfach auf den kunterbunten Regenbogen und rutschst total vergnügt hinunter . . .

Da bemerkst du einen Sonnenstrahl, der dich sanft am Bauch kitzelt. Und du hast eine Idee. Du zauberst der Sonne Arme, Beine und auch ein Gesicht. Dann darf sie heute mal spazieren gehen. Natürlich bekommt sie auch einen gelb geringelten Sonnenschirm, wie es sich für eine Sonne, die spazieren geht, gehört!

Nun hast du genug gezaubert und machst dich auf den Weg zu der Stelle, an der du den kleinen Zauberer zurückgelassen hast . . .
Dort machst auch du es dir gemütlich und zauberst dir eine wunderschöne Decke und ebenfalls ein Kissen herbei. Warum auch nicht, wenn man schon mal zaubern kann, denkst du. Aber du merkst, dass zaubern auch ganz schön anstrengend sein kann. Du ziehst den Umhang aus, stellst den Hut ins grüne Gras und legst den Zauberstab daneben.

Jetzt liegst du eingekuschelt auf deiner Decke und bist ganz ruhig und entspannt . . . Dein Körper ist schwer, ganz schwer . . . Besonders schwer sind deine Arme und Beine . . . Fühl mal, wie schwer sie sich anfühlen . . . Und die Sonne freut sich so, dass du sie spazieren geschickt hast. Sie schickt dir einen Sonnenstrahl hinunter, der dich wunderbar wärmt – so, wie du es gerade brauchst . . . Du spürst dieWärme in deinen Armen und Beinen . . . Beide Arme und beide Beine sind warm . . . Ganz warm . . . Die Wärme fließt strömend durch deinen Körper hindurch und hält dich ganz warm und geborgen . . . Du bist rundherum ganz ruhig und entspannt . . .

Und dann fallen dir die Augen zu und du beginnst zu träumen . . . Du träumst, du wärst ein Zauberer und könntest alles zaubern, was dir gefällt . . .

Komm, mach mit!

Hast du einen Bogen Tonkarton? Daraus kannst du dir ganz leicht einen richtig tollen Zauberhut basteln. Schneide einen großen Halbkreis aus und klebe ihn am besten mit doppelseitigem Klebeband so zusammen, dass ein Kegel entsteht. Vergiss nicht vorher abzumessen, wie breit der Hut sein muss, um dir zu passen!
Schneide aus Glanzpapier Sterne und Monde aus, um deinen Zauberhut zu verschönern.
Wenn du Lust hast, kannst du noch einen Umhang basteln. Dazu benötigst du eine Rolle blaues Krepppapier, einen Wollfaden und eine Nadel. Mit der Nadel und dem Faden ziehst du das Krepppapier so auf, dass du den Umhang oben raffen und vorne am Hals zusammenbinden kannst. Frage einen Erwachsenen, ob er dir dabei hilft. Auch den Umhang kannst du mit Sternen aus Glanzfolie bekleben und verzieren.

Im Reich der Elfen

Schließe deine Augen und stell dir vor, du bist unterwegs. Der Himmel leuchtet herrlich blau und die Sonne scheint so toll, wie schon lange nicht mehr.
Du spazierst durch einen schönen, freundlichen Wald und genießt die Stille an diesem wunderbaren Ort. Die Sonne erleuchtet alles hell und du lauschst dem leisen Zwitschern der Vögel.

Du kommst an eine kleine, einladende Lichtung und machst es dir gemütlich, um dich eine Weile auszuruhen . . . Ganz ruhig und entspannt liegst du da . . . Nichts stört dich . . . Nichts lenkt dich ab . . . Du fühlst dich rundherum wohl . . . Wie du so ganz entspannt daliegst, spürst du die Schwere in deinen Armen und Beinen . . . Angenehm schwer liegen deine Arme und Beine da . . . Ja, dein ganzer Körper ist schwer . . . Schwer und vollkommen entspannt . . .
Die Sonne, die heute so toll scheint, wärmt deinen Körper rundherum . . . Das tut gut und bringt dir neue Kraft . . . Ganz warm sind deine Arme und Beine . . . Spüre die angenehme Wärme in deinen Armen und Beinen . . . Strömend warm sind sie . . . Dein ganzer Körper ist wohltuend warm . . . Und so liegst du da und sammelst neue Kraft . . . Ganz ruhig und entspannt bist du . . .

Und während du so ruhig daliegst, fällt dir mit einem Mal ein Baum ganz in deiner Nähe auf. Neugierig stehst du auf und gehst dorthin . . .

Um den Baumstamm herum ist eine Treppe, die in die Baumkrone führt. Vorsichtig steigst du die Stufen hinauf. Du vernimmst leise, sehr leise wundersame Musik, die dich noch ruhiger werden lässt und dich sehr glücklich macht . . . Du bleibst stehen und lauschst den Klängen . . .

Plötzlich steht vor dir eine wunderschöne kleine Elfe, ein so zartes Geschöpf . . . Die kleine Elfe hat rechts und links am Rücken Flügel und sie ist einfach bezaubernd . . .

»Willkommen im Land der Elfen!«, begrüßt sie dich mit einer Stimme, die dich noch tiefer entspannen lässt. Dann nimmt sie deine Hand und führt dich die restlichen Treppenstufen nach oben . . .

Du bist überwältigt, vor dir liegt das Reich der Elfen und besteht aus lauter kleinen Türmchen, die ebenso zart und elegant sind wie die Elfe selbst. Alles glitzert und schillert. Es ist der schönste Ort, den du jemals in deinem Leben gesehen hast!
Da kommt ein schneeweißes Einhorn auf euch zu, ganz schwerelos und leise, als würde es fliegen. Es ist ein wunderschönes Tier mit einer herrlichen weichen weißen Mähne.
»Komm, setz dich!«, bittet dich die kleine Elfe, die schon auf dem Rücken des Tieres Platz genommen hat. Dann reicht sie dir ihre Hand und hilft dir auch hinauf!

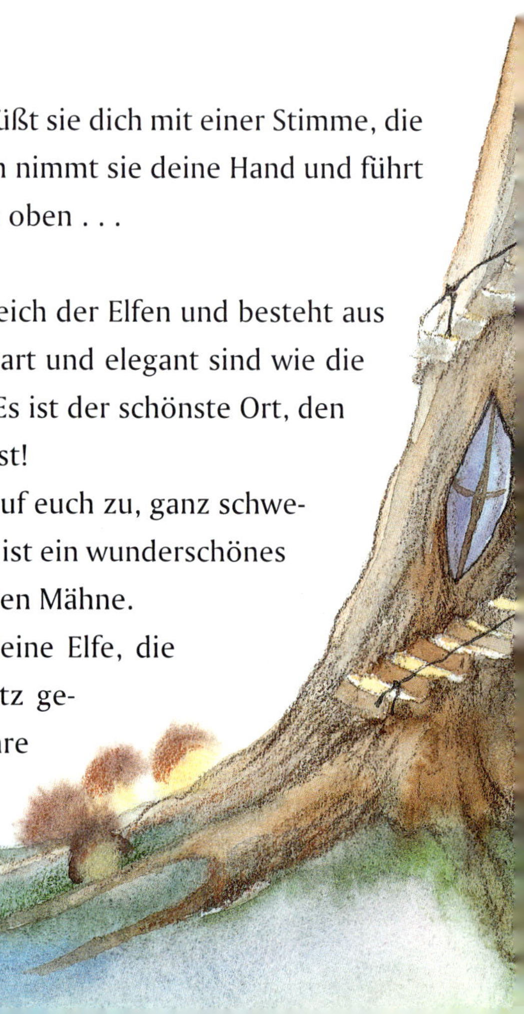

Gemeinsam reitet ihr wie lautlos durch das so vollkommene Reich der Elfen. Die leise Musik klingt immer noch in deinen Ohren. Sie ist so wohlklingend. Ihr kommt an dem Palast des Elfenkönigs und seines Hofstaats vorbei und schließlich an einem Park, der etwas abseits der Häuser und Türmchen liegt. Hier ist der Boden mit grünem, weichem Moos bedeckt – so weich wie ein Teppich.
Das Einhorn lässt euch absteigen.
Mitten in dieser wunderschönen Landschaft entspringt ein kleiner Bach. Dessen Wasser ist sehr klar und glitzert im Licht der Sonne. Es ist genau der richtige Ort für eine kleine Pause. Du tauchst deine Hände in das klare, reine Wasser und streichst dir ein wenig davon ins Gesicht. Wie wunderbar erfrischend das ist! Du kannst die angenehme, wohltuende Kühle auf deiner Stirn deutlich spüren . . .

Nach einiger Zeit macht ihr euch wieder auf den Heimweg. Das Einhorn trägt euch sicher durch das Reich der Elfen. Dann verabschiedet ihr euch . . .

Du gehst wieder nach Hause . . . In dir steckt noch der ganze Zauber des Elfenreichs . . .

Bei den Trollen

Schließe deine Augen und stell dir einmal vor, dass es draußen schneit. Viele dicke Schneeflocken tanzen vergnügt durch die Luft . . .

Du ziehst dir warme Kleidung an und schlüpfst in die gefütterten Stiefel. Jetzt noch die Handschuhe an und die Mütze auf, fertig!
Gut gelaunt springst du die Treppe hinunter und holst deinen Schlitten aus dem Schuppen im Garten . . .

Du ziehst den Schlitten hinter dir her und stapfst durch den weichen Schnee, der mittlerweile die Erde bedeckt. Dabei spürst du eine angenehme Schwere in deinen Armen vom Schlittenziehen. Wie sehr hast du dich schon in den letzten Wochen auf den Schnee gefreut!
Ach, es gibt doch nichts Schöneres, als warm angezogen im Schnee zu spielen! Übermütig versuchst du mit deiner Zunge die vom Himmel fallenden Schneeflocken aufzufangen . . . Hui, wie lustig! Die kitzeln, wenn sie auf deiner Zunge landen . . .

So kletterst du auf einen nahe gelegenen Hügel. Immer höher und höher hinauf. Du spürst die angenehme Schwere nun auch in deinen Beinen. Mit jedem Schritt deutlicher . . .
Oben auf dem Berg machst du es dir auf deinem Schlitten bequem und saust nun den langen Berg hinunter . . .
Als du unten angekommen bist, steht vor dir ein kleiner Troll mit wusche-

ligen Haaren, einem zotteligen, langen Schwanz und behaarten Füßen. Er trägt eine rote Latzhose mit lustigen Flocken auf den Knien.

»Spielst du mit mir?«, fragt er dich und schaut dich mit seinen freundlichen Kulleraugen an. »Mir ist so langweilig!«
»Im Schnee ist es doch nicht langweilig«, sagst du und schlägst dem kleinen, freundlichen Troll vor mit dir den Berg hinaufzuklettern. Dann kann er mit dir zusammen auf deinem Schlitten runterfahren.
Zu zweit macht es wirklich mehr Spaß – ganz schnell habt ihr den Schlitten den Berg hinaufgezogen und gemeinsam fahrt ihr in Schlangenlinien wieder runter . . . Das ist ja toll, zu zweit fährt man auch viel schneller!

Unten angekommen, formst du einen Schneeball, der dem kleinen Troll direkt vor den Füßen landet. Ehe du dich versiehst, wirft der kleine Kerl auch schon einen Schneeball in deine Richtung und schon steckt ihr in einer super Schneeballschlacht. Dabei probiert ihr auch aus, wer seine Schneebälle am weitesten werfen kann . . .

Dann schlägt der Troll vor, dass ihr einmal ausprobiert, wer von euch beiden die allergrößte Schneekugel rollen kann. Er rollt auch schon einen Schneeball durch den Schnee . . .
Kurze Zeit später liegen zwei riesengroße Schneekugeln nebeneinander im Schnee. Welche ist nun größer? Hm, sie sehen beide ziemlich groß aus . . .

»Weißt du, was?«, schlägt dir der kleine Troll vor. »Jetzt gehen wir zu mir nach Hause und trinken einen warmen Brombeertee! So langsam bekomme ich nämlich kalte Füße!«
Du folgst dem Troll, der flink und vergnügt durch den Schnee hüpft und mit seinen Füßen lustige Spuren hinterlässt. Als ihr in der Höhle ange-

kommen seid, steigt dir ein wunderbar süßer Duft in die Nase und die Trollmutter kommt euch schon entgegen.
»Wie schön!«, freut sie sich, als sie dich sieht. »Wir haben Besuch!« Und sogleich macht sie sich eifrig an die Arbeit und holt aus der Vorratskammer allerhand Köstlichkeiten, die sie auf einen schön gedeckten Tisch stellt. In einer Tasse ist warmer Brombeerteee und es duftet nach frischen Haferplätzchen und Honig.

Dann legt dir die Trollmutter noch eine warme Decke über die Beine ... Du bist ganz ruhig und vollkommen entspannt ... Dabei genießt du die Ruhe und Gemütlichkeit, die du hier in der Trollhöhle empfindest ... Auf dem Tisch leuchten lauter kleine Kerzen und alles ist herrlich ruhig ... Du spürst vom vielen Spielen im Schnee wieder die Schwere in deinen Armen und Beinen ... Ganz schwer fühlen sich deine Arme und Beine immer noch an ... Schwer, ganz schwer ... Und die Decke ist herrlich warm ... Du kannst die Wärme in den Armen und Beinen besonders gut spüren ... Die wohltuende Wärme strömt durch deinen ganzen Körper und hält ihn ganz geborgen ... Die Wärme bringt dir neue Kraft ... Besonders gut tut dir der warme Brombeerteee ... Er wärmt dich ganz besonders ... Warm, strömend warm ist es in dir ...

Nachdem du dich mit Tee und Gebäck gestärkt hast, machst du dich wieder auf den Heimweg. Der kleine Troll bringt dich noch bis ans Gartentor. »Kommst du mich bald wieder einmal besuchen?«, fragt er zum Abschied. »Na klar!«, antwortest du und freust dich wieder einen neuen Freund gefunden zu haben!

Gespensterfest um Mitternacht

Schließe deine Augen und höre einen Moment in dich hinein, ob du dich so wirklich rundherum wohl fühlst. Dann stelle dir vor, es ist Abend und du liegst längst in deinem gemütlichen Bett. Mit einem Mal entdeckst du etwas Weißes hinter dem Vorhang. Du stehst auf und schaust nach. Als du die Gardine ein Stück zur Seite ziehst, siehst du ein kleines Gespenst dort sitzen.

»Was machst du denn hier?«, fragst du das kleine Gespenst.

»Ich verstecke mich! Ich brauche Ruhe und muss überlegen«, flüstert das Gespenst traurig.

»Kann ich dir vielleicht helfen?«, fragst du.

»Hm, vielleicht«, antwortet das Gespenst und erzählt, dass heute um Mitternacht im Kirchturm eine große Gespensterparty ist. Dort findet ein Wettbewerb statt. Wer das beste Kunststück vorführt, bekommt den Gespensterorden.

»Ja, und was ist das Problem?«, fragst du.

»Das Problem ist, dass dies etwas ganz Besonderes sein muss, am besten etwas, was alle anderen Gespenster noch nicht gesehen haben.«

»Was machen denn die anderen so?«, fragst du neugierig.

»Ja, was in diesem Jahr vorgeführt wird, weiß ich auch nicht. Das ist streng geheim. Aber eben so gespenstische Sachen, wie sich unsichtbar machen, durch eine Fensterritze verschwinden und so.«

Da hast du eine Idee. Vor kurzem habt ihr in der Schule im Sportunterricht einen Purzelbaum gelernt. Und du zeigst dem Gespenst, wie man ei-

nen richtig tollen Purzelbaum macht. Ihr kullert gemeinsam durch dein Kinderzimmer – mal vor und dann zurück. Immer wieder und wieder, bis das kleine Gespenst weiß, wie es geht!
»Super!«, freut sich das kleine Gespenst. »Weißt du, was? Als Dank nehme ich dich mit aufs Fest!«
Und ehe du dich versiehst, nimmt das kleine Gespenst deine Hand und gemeinsam schwebt ihr zum Kirchturm. Wie friedlich es um diese Zeit hier ist. Keinerlei Straßenlärm zu hören. Und der Mond leuchtet so hell, dass ihr gut sehen könnt . . .

Es ist kurz vor Mitternacht. Im Kirchturm sind bereits viele Gespenster versammelt. Als die Kirchturmuhr zwölf schlägt, fassen sich alle Gespenster an den Händen und tanzen den Gespenstertanz. Das macht vielleicht Spaß!

Danach beginnt der Wettbewerb. Alle kommen an die Reihe und zeigen, was sie sich Tolles ausgedacht haben. Eines der Gespenster führt sogar ein ganz besonderes Kunststück vor und schlüpft in einen Luftballon!

Dann ist das kleine Gespenst an der Reihe und schlägt einen Purzelbaum nach dem anderen! Die anderen Gespenster stehen staunend da, bis du anfängst zu klatschen. Immer mehr Gespenster klatschen und jubeln. So etwas haben sie noch nie gesehen!

Und so bekommt in diesem Jahr doch tatsächlich das kleine Gespenst den Orden! Überglücklich fliegt es dich nach Hause!

Müde schlüpfst du in dein Bett. Das Gespenst dankt dir noch einmal, dann fliegt es davon. Du liegst ganz ruhig und entspannt da . . . Deine Arme und Beine sind schwer . . . Ganz schwer liegst du in deinem Bett . . . Schwer

und entspannt . . . Deine Decke wärmt dich . . . Sie hält dich ganz sicher und geborgen . . . Du spürst die Wärme in deinen Armen und Beinen . . . Ganz warm sind deine Arme und Beine . . . Die Wärme strömt durch deinen Körper . . . Das tut gut . . . Und dein Atem geht ganz ruhig und regelmäßig ein und aus . . . Ein und aus . . . Vollkommen ruhig und regelmäßig . . .
Du bist vollkommen ruhig und ganz entspannt.

Komm, mach mit!

Hast du Lust, ein paar Gespenster in verschiedenen Größen zu basteln? Du kannst sie dir an der Zimmerdecke aufhängen oder vor das Fenster. Dazu brauchst du eine kleine Styropor- oder Holzkugel und etwas weißen Stoff. Aus dem Stoff schneidest du einen Kreis und klebst ihn über die Kugel. Nun muss dein kleines Gespenst nur noch ein Gesicht bekommen. Male es einfach mit einem Stift auf den Stoff.
Willst du noch eine Kirchturmuhr basteln? Nimm einen weißen Pappteller und male die Ziffern einer Uhr darauf. Pikse in die Mitte ein kleines Loch, schneide aus schwarzem Tonkarton zwei Zeiger aus und befestige diese mit einer Musterklammer auf dem bemalten Teller. So bleiben die Zeiger beweglich und du kannst selbst einstellen, wann die nächste Gespensterstunde schlägt!

Ein Wort an die Eltern

Liebe Eltern,

sicher ist Ihnen nicht fremd, wie sehr Kinder in unserer heutigen viel zu schnelllebigen Zeit schon unter großem Druck stehen und erheblich Stress erleben.

Aber es sind nicht ausschießlich Stress-, Leistungs- und Zeitdruck, die auf das Leben unserer Kinder entscheidenden Einfluss nehmen und ihnen zu schaffen machen.

Auch durch zu hohen Medienkonsum, wie zum Beispiel ständiges Fernsehen, Computerspielen, vorgefertigtes Spielzeug, bleibt den Kindern meist kaum Raum mehr für eigene Ideen.

Haben die Kinder mal eigene kreative Ideen oder erfinden etwas, sind wir Erwachsenen häufig schnell mit Worten zur Hand wie »So etwas gibt's doch gar nicht!«, »Erzähl keine Märchen!«, um nur einige Beispiele zu nennen.

Als Mutter von drei Kindern und als Pädagogin ist es mir sehr wichtig, dass den Kindern ausreichend Zeit zum Träumen bleibt. Denn Träume verschönern unser Leben, geben uns Kraft, Ziele zu erreichen, heitern uns an dunklen Tagen auf und machen Mut! Es ist doch schön, sich vorzustellen ins zauberhafte Märchenland zu verreisen, einmal gar nichts tun zu müssen, fabelhafte Wesen zu treffen, ganz frei zu sein von jeglichen Ge- und Verboten und nur das zu tun, wozu wir Lust haben. Der Alltag lässt uns nur sehr wenig Raum für solche Dinge. Ständig sitzt uns die Zeit im Nacken und treibt uns an. Wir müssen schneller, besser, größer, stärker als die anderen sein, um Anerkennung zu bekommen und einen guten Stand in der Gesellschaft zu finden und akzeptiert zu werden.

Für Kinder ist das alles andere als leicht. Schon im Kindergarten oder in Spielgruppen müssen die Kinder lernen sich zu behaupten und ihren Platz in einer Gruppe finden. Aber sie sind nicht alleine. Meist sind 24 andere Kinder da, die auch ihr Recht einfordern. Und es gibt Kinder, die das nicht so gut können und sich schwer tun selbstbewusst durch ihr junges Leben zu ziehen.

Verstehen Sie diese Phantasiereisen bitte nicht als ständige Flucht aus dem Alltag oder gar vor Konflikten! Das sollen sie auf gar keinen Fall sein. Mit Konflikten in unserem Alltag müssen wir leben. Mit meinen Geschichten möchte ich Kindern zu schöpferischen Pausen verhelfen, wieder neue Kraft tanken zu können und um ihre Phantasie anzuregen.
Verstehen Sie diese Geschichten als Anstoß, Ihren Alltag zu überdenken und zu sehen, wo sich noch Zeiten für diese kreativen Entspannungspausen finden. Und nutzen Sie die Geschichten, nun gemeinsam über Ihre Gefühle und Wohlbefinden zu sprechen. Die Kinder sind im Anschluss daran oftmals sehr dankbar für ein offenes Ohr und erzählen erfahrungsgemäß sehr gerne davon, was sie dabei erlebt haben und was sie fühlen konnten.
In keinem Fall sollten Sie die Kinder mit den Geschichten gänzlich alleine lassen oder diese als Ersatz für wichtige Gespräche ansehen!

Im Anschluss an die Geschichten finden die Kinder jeweils Tipps zur kreativen Umsetzung der Phantasiereise. Diese Tipps sind lediglich als Anregung zu verstehen. Selbstverständlich können andere Materialien ausgewählt werden. Je kreativer, desto besser.
Versuchen Sie daher bitte nicht die von den Kindern erschaffenen Sachen zu bewerten. Motivieren Sie Ihre Kinder ohne Vorgaben und Schablonen Sachen anzufertigen, sich selbst tolle Dinge auszudenken, ohne von den Kindern eine Art »Vorzeigeprojekt« zu verlangen.

Gönnen Sie sich selbst doch mal eine Pause und nehmen sich Zeit für Ihr Kind. Legen Sie den Telefonhörer zur Seite und machen sie es sich gemeinsam gemütlich. Lesen Sie Ihrem Kind eine der Geschichten vor, oder wenn Ihr Kind lesen kann, lassen Sie sich doch von Ihrem Kind einmal ins Land der Phantasie entführen!

Übrigens, je öfter Ihr Kind sich Pausen im hektischen Alltag gönnt und je öfter es diese Geschichten liest oder erzählt bekommt, desto besser wird ihr Kind sich entspannen können.

Die Autorin

Sabine Seyffert, ist staatlich anerkannte Erzieherin, Entspannungspädagogin und Psychologische Beraterin sowie Autorin zahlreicher Publikationen. Sie lebt mit ihrer Familie in Wuppertal und ist seit vielen Jahren freiberuflich tätig. Außer Entspannungskursen für Kinder, Jugendliche und Erwachsene führt sie Fortbildungsseminare für Pädagoginnen und Pädagogen im Bereich der Entspannungsarbeit mit Kindern durch.

Seit 1999 bietet Sabine Seyffert sehr erfolgreich auch eine berufsbegleitende Ausbildung zum Entspannungspädagogen für Kinder an.

Wer Interesse an Veranstaltungen, Fortbildungsseminaren und der Ausbildung zum Entspannungspädagogen für Kinder hat oder wer von seinen Erfahrungen mit diesem Buch berichten möchte, kann sich gerne schriftlich und mit 2,25 Euro in Briefmarken als Schutzgebühr an folgende Anschrift wenden:

Praxis für Entspannungspädagogik & Kreativität
z. H. Sabine Seyffert
Postfach 11 05 23
42305 Wuppertal